盛际英传奇

盛毅 著

北京燕山出版社

图书在版编目（CIP）数据

盛际英传奇 / 盛毅著 . —北京：北京燕山出版社，2023.8
ISBN 978-7-5402-6914-2

Ⅰ.①盛… Ⅱ.①盛… Ⅲ.①盛际英—传记 Ⅳ.① K825.47

中国国家版本馆 CIP 数据核字（2023）第 075284 号

盛际英传奇

作　　者：盛　毅
策　　划：李新承
责任编辑：王　迪
封面设计：盟诺文化
版式设计：盟诺文化
出版发行：北京燕山出版社有限公司
地　　址：北京市西城区椿树街道琉璃厂西街 20 号
邮政编码：100052
发行电话：（010）65240430
印　　刷：北京金康利印刷有限公司
开　　本：880×1230　1/32
印　　张：4.875
字　　数：78 千字
版　　次：2023 年 8 月第 1 版
印　　次：2023 年 8 月第 1 次印刷
书　　号：ISBN 978-7-5402-6914-2
定　　价：55.00 元

前言

俗话说："知今不知古，谓之盲瞽；知古而不知今，谓之陆沉。"

我老家虽然不在盛家楼，但距盛家楼并不远，大约三里多地。盛际英的故事发生在清嘉庆年间，由于时间久远，多经辗转传说，有失真实可靠。我身边的几位挚友让我把盛际英的传奇故事写出来，我实感为难。再说，我也已是古稀之年，心如止水，记忆力也差了，实乃宁静而不能致远，生怕有负众望，所以迟迟不敢动笔。

盛文件、盛明迪是我的长辈，他们多次找到我，再三鼓励，我才勉强接受而为之。他们为了帮助我，多次深入盛际英家乡调研，找老人座谈，收集相关资料，寻找写作素材。我看到相关资料后，被盛际英不畏强权、行侠仗义的精神感动，也激发了写作的热情，坚定了写作的信心。我于 2020 年 6 月，对传说中与盛际英相关的资料作了一些梳理。开始了必要的写作准备工作，于同年 8 月开始动笔。

盛际英传奇流传在寿县、凤台一带民间。据史料记载，主人公盛际英小时候就比较聪明，勤奋好学，读书至监生，且为人坦诚直率，富有正义感。在少林寺学武归来后，他组织护民队，维护当地社会治安，深受百姓拥护和信赖。但因爱打抱不平，常得罪地方黑恶势力。他们利用李兆洛陷害盛际英。县太爷李兆洛听信谗言，多次传唤盛际英。传唤人因被收买，从中挑唆，谎称盛际英拒绝进见。李兆洛恼羞成怒，列出盛际英四大罪状。在抓捕盛际英的时候，放火烧了盛际英家的楼房。以致其全家大人孩子二三十口人四处逃散，居无定所，盛际英被逼无奈告御状。

刑部根据大清律法，判盛际英充军北口（今河北省蔚县与陕西省广录县、灵丘之间的诸关口）。

盛际英性格刚烈，在有理无处申诉的情况下，选择吞金自尽，以死明志。这是对当官不为民做主的昏官的不满，也表达了对黑暗势力的控诉。

中华民族有五千年的文明史，当前我们正处在一个太平的年代，随着经济的繁荣和价值观念的变化，我们逐渐认识到家族文化是中华传统文化的重要组成部分。优秀的家族文化是一个家族的精神家园，积淀着一个家族最深层的精神追求。我们要汲取家族文化的精华，把家族文化中那些优秀的品德和精神发扬光大，同时也不能放弃对封建落后思想的摈弃。

我编写《盛际英传奇》的初衷，旨在歌颂当前太平盛世的同时，提醒人们铭记祖德，追本溯源，返本开新，赓续爱国爱民情怀。

在本书编写的过程中，我得到了众多志同道合的好友的关怀和帮助。他们帮我收集资料，整理材料，并多次参与内容修改。在书稿即将出版之时，我因积劳成疾，身患重病住进了医院。书稿由盛文件、盛侠、武梅进行了出版前的补充修改和校对。刘娟为书中插图提供了大量图片。在此，一并表示感谢！

在本书即将付梓与大家见面时，我的内心依然惴惴不安。因为我心里明白，大家对本书的评价，在赞扬声中也会伴随着质疑。同时，我还想说，书中有些故事情节由于传说不一，难作统一表述，如有错误之处，恳请读者批评指正。

盛　毅

2022 年元月 20 日

序一

盛际英，人称盛镖师、盛三爷。清乾隆二十五年（1760年），出生于现今凤台县凤凰镇新集社区的一个贡生家庭。兄弟四人，老大盛际龙，老二盛际元，盛际英排行老三，老四盛际雄。

盛际英母亲孙氏，父亲盛以成读书至贡生，为人纯笃，随和谦让，家道殷实，多善举。

盛际英童年聪颖好学，直取监生。因接受家庭的良好教育，他自幼就有远大理想，常赞颂岳飞爱国爱民，怀有报国之志。但他所处的时代，是乾隆后期，国力逐渐由盛转衰，"文字狱"盛行，百姓生活日益艰难，各阶层的矛盾不断激化，社会上"文不抵武"现象比较突出。盛际英怀着忧国忧民之心弃文习武。

赴嵩山少林寺拜师学艺三年余，他勤学苦练武功，在少林寺武功的基础上，自创"盛家拳"。"盛家拳"拳理明晰，风格独特，自成体系，在凤台县域方圆百里，闻名有声。

盛际英武功高强，精通刀、枪、剑、戟各种兵器。他武德高尚，以武会友，广交武林朋友，在武林界享有很高声誉。他爱憎分明，以武震慑邪恶。他供职镖局几十年，兢兢业业，押送镖物从未失手。

清嘉庆八年（1803年），宿州地区以王朝名为首的白莲教匪徒作乱，有一股教徒经常南窜至蒙城、凤台一带为非作歹、残害百姓。盛际英、刘士俊等组织民众，击溃匪徒，保护了百姓生命

1

财产的安全。

他心系百姓疾苦，嘉庆十一年（1806年）三月，凤台遭受涝灾，青黄不接，百姓饥寒交迫，民不聊生。盛际英继承父志，春荒放粮，冬施棉衣，连续三年有余。（《凤台县志》载）

盛际英，性格耿直，为人诚实，肝胆侠义，是一个"宁可自己吃亏三千，不让朋友受屈一百"的"敞亮人"。

他嫉恶如仇，惩恶扬善，不畏权势，好打世间不平。傅家庙，有一个傅庄主，与时任凤台知县的李兆洛关系甚密，他让自己的儿子认李兆洛为干爷，仗势欺压民众，百姓敢怒不敢言。西肥河地区，有一地痞流氓，横行乡里，残害百姓，后被县府招安，成为县衙役头头儿，但其本性不改，往往假公济私，肆无忌惮。盛际英对这类人，看在眼里，怒在心头，敢于出头为民说公道话，从而遭到傅庄主的排挤。傅庄主通过与李兆洛的关系，多次想方设法惩办盛际英，无奈当时盛际英在寿州镖局，不属凤台管辖，这才因权限约束，而不能办成。

李兆洛于嘉庆十三年（1808年）十二月赴任凤台知县。嘉庆十七年（1812年）九月兼理寿州事，职权扩大后，偏听偏信，罗列盛际英四大罪状，要抓捕盛际英。为逮捕盛际英，他不惜违犯《清火灾律例》，于嘉庆十七年（1812年）年三十晚上（除夕之夜）放火焚烧了盛际英家住宅（这便是历史上有名的火烧盛家楼事件）。

李兆洛火烧盛家楼，违犯了《清火灾律例》——火烧民宅罪、扰民罪，刑应枭首或流徙充军四千里，但因清政府庇护，只于嘉庆十八年（1813年）二月被罢去凤台知县、卸寿州事，充军附近（充军分附近、近边、远边、极远边、烟瘴五等），流放凤台西北方白塘庙进行监督改造。

李兆洛于清嘉庆十三年（1808年）十二月赴凤台任知县，嘉庆十七年（1812年）九月兼署理寿州事。盛家楼属凤台管辖。嘉庆十八年（1813年）二月，李兆洛罢去凤台知县、卸寿州事，实任凤台知县四年零两个多月。

嘉庆十八年（1813年）三月，寿州知州靳天培兼理凤台知县（光绪《寿州志·职官表》）。李兆洛犯放火重罪，被罢去州官、免去县令是罪有应得。从此，李兆洛与仕途无缘。

盛际英因家园被烧，赴京城告状，违犯清律"民告官，如子杀父，先坐笞五十，虽胜亦判徙二千里"的规定。与家眷、侄儿四人被发配近边充军北口。盛际英在充军期间，协助当地军民抗击外敌、维护社会治安，还为民除害消灭虎狼。这些行为得到当地民众的赞扬和边防军的嘉奖，皇帝御批为其平反昭雪。

清嘉庆二十三年（1818年），盛际英因不满当时社会的黑暗，吞金而亡，享年五十八岁。盛际英的英雄事迹受到百姓的推崇和边防军的敬仰。在边防军的协助下，盛际英的家眷及盛际英的遗骸由其侄儿盛学冶用军马车运回原籍，安葬在炼城寺东南牛沟南岸刺老坟盛家墓葬群。

众人视盛际英为英雄。为纪念英雄，在盛际英的续弦汤氏的主持下，将新集盛家楼之名，徙至楼圩西头（现盛家楼），较楼圩后退58米，纪念盛际英在世58周年。民间至今还流传着一个说法："龙元瑞气高百丈，英雄盖世壮千秋。"

两百多年来，盛际英不畏强权、不惧土豪劣绅的英雄气概，以及同情弱者、关爱百姓、为民办好事的英雄事迹仍在民间传颂。《盛际英传奇》的出版发行，将对民为邦本、厚德载物等优秀传统文化的宣传教育具有一定的现实意义。

盛文件

2022 年 11 月 19 日

凤台县位于淮河之滨，凤凰镇新集社区是盛氏后裔的肇始地，人杰地灵。在历史的长河中，每一位英雄人物都定格在历史的记忆中。

盛际英（又称盛英、盛镖师、盛三爷），1760年出生于盛家楼宝地，自幼读书至监生，爱好武术，练就一身硬功夫。

清朝中期，凤台县土地贫瘠，民风彪悍，且水患严重，百姓生活困难。当时的凤台县令李兆洛，为了治理凤台，增加征收赋税。自然灾害和官府的税收，使得凤台百姓的生活雪上加霜。老百姓为生活所迫，常常流离失所。盛际英看在眼里，痛在心里，曾率习武壮士和群众多次向官府讨说法，并向府衙告发李兆洛。而李兆洛以盛际英聚众抗税和民告官为由，多次派捕头衙役逮捕盛际英。捕头被人收买，向李兆洛谎称盛际英拒捕。在这种情况下，李兆洛亲自带领捕头衙役30余人，趁除夕之夜突袭盛家楼，把盛际英家30余人居住的楼房用高粱秸团团围住，逼盛际英就范。因盛际英坚决不从，李兆洛就放火烧楼。

当时烟雾四起，火光冲天，结果呢？盛际英一臂挟儿，一手打伞，从楼上一跃而下逃出险境。

侠之大者，为国为民；莘莘士子，无奈难敌权贵。嘉庆十九年（1814年），盛际英因告官被流放到北口。北口地处塞外，人烟稀少，群山峻岭，野兽出没，自然条件恶劣。盛际英被流放到此处后，一身武艺发挥了作用，他伸张正义，处处为百姓着想，带领当地打猎人抵御外敌侵扰，捕杀猛兽，慢慢让百姓有了安全感。他行侠仗义为民办事的声誉响彻塞内外，被当地百姓称赞为盛氏大英雄。

撰写《盛际英传奇》之前，作者进行了广泛调查研究，查阅了很多历史文献资料，在尊重历史的基础上，用人物传奇手法，叙述了盛际英的成长过程，如赴河南少林寺学艺、办武馆、开镖局，以及最后被迫充军吞金而亡等故事。

嘉庆皇帝视察西北边陲边防驿站时，得知了盛际英为了抵御外敌入侵及虎狼野兽侵袭，与当地边防军和群众组织成立"护民队""打虎队"的盛举。盛际英为教练，治理缓解当地治安乱局，使贸易畅通，为百姓办了很多好事。皇帝知情后，嘉奖了边防军，并为盛际英平反昭雪，同时也落实了对昏官李兆洛的惩治。该书共分十七个章节，全面呈现盛际英的英雄事迹，有声有色地再现历史人物形象。

撰写《盛际英传奇》也是对当地悠久文化资源的一次梳理，宣传英雄人物，传承优秀品格，可以更好地弘扬传统美德，从历史中汲取营养，达到以文育人的目的。是为序。

盛明迪

2022 年 11 月 25 日

目 录

第一章　祖籍山西，徙居下蔡……………………………………　1

第二章　巧遇贵人，少林学艺……………………………………　9

第三章　桥窝打"鬼"，戳穿谎言…………………………………　19

第四章　娶妻刘氏，埋下祸根……………………………………　24

第五章　整修祠堂，建树家风……………………………………　31

第六章　开办武馆，声震百里……………………………………　39

第七章　义平祸患，情系百姓……………………………………　47

第八章　徐州比武，声名远扬……………………………………　57

第九章　清风庙会，结怨庄主……………………………………　65

第十章　好人相助，躲过一劫……………………………………　77

第十一章　痛打周清，惹恼县爷…………………………………　86

第十二章　武艺出众，受聘镖局…………………………………　95

第十三章　大哥开店，平地风波…………………………………　105

第十四章　际英续弦，祸起萧墙…………………………………　117

第十五章　除夕之夜，火烧盛楼…………………………………　123

第十六章　庶民告官，充军北口…………………………………　130

第十七章　以死明志，感动君王…………………………………　137

结束语………………………………………………………………　142

第一章

祖籍山西，徙居下蔡

参天之木，必有其根；怀山之水，必有其源。寻根向祖，盛际英盛氏家族乃黄帝后裔。

据史书记载，开天鼻祖轩辕黄帝，娶西陵之女嫘祖为正妃，生玄嚣、昌意两个儿子。盛际英乃昌意后裔，祖居山西洪洞，地处晋南。因为母亲河——黄河的滋养，晋南一带物产丰富，居住人口众多，市井繁华，可谓是人杰地灵，福生宝地。

元朝末年，天下大乱，英雄群起，安徽凤阳穷苦出身的朱元璋参加义军，后来当上了皇帝。他总结了前朝官场腐败、朝纲不振的弊端，为了发展农业生产，不得不发动一次声势浩大的移民，命令他的士兵和百姓去人口稀少之地开垦、守卫。官府规定，山西富裕之地凡兄弟二人者，必须要有一人迁出，到那些地多人少比较荒凉的地方去，开荒种地，发展生产。这次移民规模之大，空前绝后。

1371年，在洪洞城北贾村西侧有一座寺庙，名曰广济寺，寺院宏大，僧人众多。寺旁有一棵古槐树，树高数丈，荫遮数亩。车马大道从树荫下通过。成群的乌鸦在树上筑巢，星罗棋布。官府将移民局设在广济寺集中办理移民事务。大槐树就成了移民聚集之地。在北方民间，至今有民谣："问我祖先何处来，山西洪洞大槐树。祖先故居叫什么，大槐树上老鸹窝。"

盛际英始迁祖盛东昱兄弟6人，盛东昱排行是老大，他与二弟盛东昇、三弟盛东旭也在这次大迁徙中离开了家乡，离开了大槐树。当时的离别场景十分凄凉，睹之动容，有父母送子女的，有兄长送弟弟的，哭声一片，不绝于耳。一些送行者折下大槐树枝，送给即将远离家乡的亲人，深情地嘱咐他们千万不要忘记家乡，不要忘记祖宗，不要忘记家乡的这棵大槐树，还有这大槐树上的老鸹窝。亲人们手捧老槐树枝，眼含热泪，依依难舍，不忍离去。因为他们心里明白，这一次的分离，也许就是诀别……

单说福寿堂始迁祖盛东昱，下迁到中都临濠府（后改为凤阳府）寿春县下蔡镇（今凤台）向北约10公里的新集村，即现在的凤台县凤凰镇新集社区，始称福寿堂。老二盛东昇下迁到霍山县，始称陵南堂，老三盛东旭下迁到安徽涡阳老河口，始称北海堂。

当时的淮河流域村落分布稀疏，人口稀少，有的一个村子仅有几户人家，一旦断了火，就无法举炊。村民自发组成引火队，每户各派一人，轮流到数里或数十里外有火种的村子去引火。生活艰难的程度可想而知。

盛东昱带着妻儿来到淮河岸边的下蔡镇，重新开始，建造家园。他亲自动手搭建房屋，开垦荒地。那屋子虽然是风来透、雨来漏，但总算是有了庇身之所。后来在当时政府的帮助下，重新建了房子，分得了土地，慢慢过上了安居乐业的生活。

他所居村子东侧，是一条下蔡通往蒙城的官道，再向东约一里多路远是一条夹河（现名架河，发源于凤台县邵集东北，长约27公里）。河水经过老涧套回旋，穿过陈家大桥流经戴家湾，最后注入淮河。

那时的夹河，河面宽二公里多，水深丈余。那个年代由于淮河淤积，河床高，导致水患连连，百姓"仰天泽以为丰韵"。当地老百姓说得好，"大雨大灾，小雨小灾，蛤蟆撒尿也成灾"。这给当地百姓的生产生活都带来了极大的威胁。一旦有涝灾或旱灾，即菜色满野，流亡载途，但谁又能奈何天老爷呢！

俗话说得好，靠山吃山，靠水吃水。老百姓除了耕种土地外，每逢农闲季节，就去开荒，增加田地。田地多了，种的庄稼多就会收得多。同时，农闲时还能去河里摸鱼捞虾，除了自家食用外，多余的还可拿到集市上去卖，多少也可换点儿买油买盐的零用钱。

就这样，一家的日子过得安稳平静，一年总比一年好。富裕了，家里有钱了，就去把别人家开荒不想种的土地买过来自家种。到了第五代以后，种的地更多了，家里的收入也多了，积累自然也就多了。家里住的房子分前后两进，后排是三层高，加上两边耳房，大大小小共38间。黑漆的大门，贴着醒目的对联。上联是：耳听长江淮河水，下联是：眼看舜耕硖石山。

同时，因为家里富裕了，也开始注重送子女上学读书了。福寿堂后裔也就先后在官场上崭露头角，比较突出的如明朝九门提督盛大宏，他威震京城，可谓是国家栋梁。

盛际英的父亲盛以成，系盛氏福寿堂第八代裔孙。他从小读书至清贡生，也拜师学过武功，因为当时家里有近百亩土地需要耕种，于是便弃武专心农耕生活。按当时的律法，贡生不仅可享受一定的社会待遇，见官不用跪拜，只用作揖，每月还有一定的银两补贴生活。同时，如果想为官，也可申请为官。

盛以成性格开朗，为人纯笃忠厚。娶妻孙氏，婚后有四个儿子。他让四个儿子先后上学，用心读书，经常教育儿子们说："万般皆下品，惟有读书高。"同时，他还对儿子们说，将来长大了走上社会，都要"存阴鹭心，干公道事，做老实人，说老实话，天理要放在头顶上"。在盛以成的管教下，四个儿子个个学业有成，其中有两个秀才，为人憨厚耿直，于当时很受世人尊重。

且说盛际英，从小聪明乖巧，深受父母疼爱，三岁时父亲就教他背唐诗，五岁开始上私塾读《百家姓》《三字经》。

他还不到弱冠之年就长成了一米八的大个子。威武壮实，英俊潇洒，行动举止大方得体。他特别喜欢听老人们讲《少年岳飞传奇》《水浒传》的故事，十分崇拜故事中的岳飞、鲁智深等英雄好汉。他性格豪放，特别具有同情心，从小就爱打抱不平。

与盛家向东毗邻的是张家，张员外家的纨绔儿子张老三，娇生惯养，游手好闲。年龄比盛际英大了几岁，从小也多少学了点儿拳脚功夫，因此常来到新集街上倚仗势力和拳头硬欺负人。

有一次，张老三在街上欺负盛际英家门的一个兄弟盛际武，把盛际武打得鼻子流血不止。盛际英上前与张老三理论，也被张老三拳脚相加。没办法，打不过人家，只能挨着，有气忍着。这样的场面也不止一次，盛际英深刻地意识到，想要堂堂正正地做人，仅学文是不够的，必须以武为盾，才能保身护家，以强家族。于是，盛际英产生了投师学武的念头。但他的这个想法遭到父母的反对。父母只想让他好好读书，将来学业有成能求个一官半职，荣光耀祖，为家族撑起个门面。再说，学武容易，择师难，没有信得过的师傅，哪能轻易让际英去学武呢。

盛以成反对际英学武，还有另一个想法，认为际英心灵聪慧，想让际英继承家族意愿学医。他姥爷精通医术，盛以成婚后常去那里，耳濡目染，也学了点儿外科医术。邻里乡亲，偶有跌打损伤，都去找盛以成帮忙。盛以成也从不推辞，总是施以援手，帮助乡亲们解除病痛。后来成了家，虽因家里有土地需要耕种，无力精研医术，但他仍一心向善。每逢荒年暴月的春冬季节，他都给穷人送棉衣棉被。荒年暴月，凡穷人家借粮借钱，均慷慨解囊，借后也不用还。每当农闲时还抽空给穷人看病，用药就象征性地收点儿成本费，不用药就不收钱。

据《清史》记载，乾隆四十三年（1778年），黄河在仪封十六堡漫口150余丈。当地先辈们也有传说，黄河水流经凤台，淹没庐舍、田禾，民生凋敝，百姓生活困苦。盛以成冬施棉衣春施粮。同时还在村东头大路旁搭棚子，连续多年为南来北往的穷人放饭。因此，十里八乡的百姓都称盛以成为大善人。

在兄弟四人中，盛际英是一个比较聪明、好奇心强又遇事好学的孩子。他看家里称东西用的秤，就问父亲说："秤是谁发明的？为什么是16两为一斤呢？"父亲告诉他，秤是我们的先人发明的。先人把北斗七星、南斗六星以及福禄寿三星共16星比作16两，商人买东西要讲究诚信，不能缺斤少两，如果要奸，克扣一两就减福，克扣二两就损禄，克扣三两就折寿。所以做人做事都要讲诚信。

盛际英正是受到了良好的家庭教育，走上社会之后才非常受人拥戴和欢迎。受人恩惠总是记在心里，有机会必报；但给人恩惠，从不记在心上。

第二章

巧遇贵人，少林学艺

　　凤台地处淮河岸边，百姓自古强悍好斗。俗话说，无巧不成书。也许是天意，清乾隆三十八年（1773年）春荒的一天中午，开锅放饭快要结束时，盛家门前却来了一个和尚。那和尚走起路来有点儿跛脚，身上的衣衫虽然破旧褪了颜色，但却十分整洁，看上去也不像是个俗人。

　　盛际英父母都是吃斋念佛之人，心地善良，见此光景，顿生怜悯之心。忙让家人把那和尚让到餐厅里，把准备自己吃的饭菜端到餐桌上，并示意那和尚吃。那和尚也许是因为肚里饥饿，毫不客气地又吃又喝。酒足饭饱之后，话没多叙，盛际英又让家人给那和尚安排了房间住宿。就这样，一日三餐伺候着，那和尚因脚扭伤，走路不方便，盛以成便每天给他做两次按摩治疗，和尚的病情也因此渐渐有所好转。到了第五天上午，那和尚告诉盛以成夫妇，说他是少林寺的和尚，法名熙元。这次是去九华山参加一次佛会，回来路过此地，受到盛家人的热情款待，十分感激。盛以成夫妇听了这话，眼前为之一亮，心中暗想，际英读书已取得监生，眼下书也不读了，想去少林寺学武，正苦于无法找到熟悉的人帮忙联系，这不是天降良机吗？夫妻俩经过一番思虑，决定把这一消息告诉际英，如果际英真的想去少林寺学武，就可让际英跟熙元法师一起去。当天晚上，盛以成夫妇把际英叫到跟前，把与熙元法师对话的情况如此这般又说了一遍。际英一听，立刻跪拜在父母面前，欣然表示同意。其实，盛以成夫妇哪里知道，虽然只过了几天的工夫，际英与熙元法师早已混得很熟了，并且还央求熙元法师跟父母说说好话，能允许自己跟他一块儿去少林寺学点儿武功。

于是，第二天早饭后，盛以成夫妇亲自找到熙元法师，讲明际英想去少林寺学武的意愿，希望熙元法师能带际英一起走，并要挽留他再多住几日。一是因为熙元法师的脚疾没有完全好，尚需调养，二是因为际英从来没离开过家，这次去少林寺一去就将是三年，总需要做些物质上的准备。熙元法师听了以后，觉得在理，于是就欣然答应了盛以成夫妇的恳求，又多住了几日。

在多住的几日里，际英与熙元法师的关系更加亲密了，几乎是形影不离，无话不说。

这一天，熙元法师感到脚也不怎么疼了，于是，便到了后堂，向盛以成夫妇说了一些感谢的话，并表明他决定明天就要回少林寺。盛以成夫妇虽再三挽留，但见熙元法师心意已定，执意要走，最后只好应允。当日晚上，那熙元法师和际英早早休息之后，盛以成夫妇吩咐家人，除了给他们准备了银两和路上吃的干粮外，还给际英准备了一年四季要穿的衣服和日用品。

第二天一早，熙元法师和际英都起得很早，盛以成夫妇也起得很早，为他们准备了早餐。饭后，彼此寒暄一番之后，熙元法师和际英就启程上路了。

俗话说，孩子是母亲的连心肉，虽然说际英也老大不小了，去少林寺学艺也是一件好事，但在即将离别时，盛以成夫妇却也忍不住老泪纵横。父亲盛以成告诫际英说："到了少林寺学艺，也要尊师重道，谦让为人；将来走出寺门，要尊长爱幼，除贪惩恶；倡导戒淫，切记戒恃强凌弱，见利忘义。"在依依难舍的气氛中，盛以成夫妇一直送他们出村子一里多路，才相互告别，目送他们上路。

盛际英家距少林寺450公里之多，两人马不停蹄日夜兼程，到了第八天午饭时分，他们终于赶到了少林寺。一连走了几天的路，人困马乏，于是，他们下午各自睡了一觉，起来吃了晚饭后，接着又睡，睡得很香很甜，一直睡到第二天早上五点多钟。

这一天，正好是农历四月十五日，熙元法师带着际英去拜见了师父，那师父法号洪元，是少林寺的掌门人。际英忙上前施礼跪拜，然后洪元把身边的几个小僧人一一向际英做了介绍，让他们互相认识，并施以见面礼。洪元吩咐一个小僧人，带际英到大殿一侧的耳房，安顿际英的住宿。又带际英到周边走了走，让际英熟悉一下寺内以及周边的环境。

第三天早上，际英起得很早，刷牙洗脸后，随同其他几个小和尚一道拿着扫帚、铁锹打扫寺院内外的卫生，清扫垃圾。然后到练功房，由洪元师父进行一番训导，也就是一番思想教育。而后师父由浅入深，教他们练习基本功的具体要求。际英的学艺生活由此算是开始了。

洪元师父对学徒们特别强调说："习武要先习德，德高为范。练武首先要练好基本功，凡对方御坚为实，不可攻也，其虚可攻，即避实而击虚。"也就是说，打虚不打实，实来虚接，对方扑空自身会失去根基，自己先毁了自己。再者，要接点不接面，打点不打面，点越小说明内功功夫越深。

13

盛际英牢记师父的教诲：一勤天下无难事。一个人勤奋上进，才能在人生的长河中乘风破浪，成就一番事业。因此他顶烈日，冒酷暑，勤学苦练，别人每天练八个小时，盛际英总是要练十个小时。就这样，日复一日，年复一年，转眼间不觉到了第三个年头了，那是1776年四月十五日。

三年来，际英的肩、臂、腰、腿的基本功都达到了炉火纯青的地步。洪元见盛际英秉性好，悟性高，又聪明好学，内心非常喜欢盛际英。这一天晚饭后，他把盛际英叫到面前，特别嘱咐盛际英说："学无止境，一定要做到常练常新，才能不断有所长进。"最后，他把藏在心中的几句话说了出来。他深情地对盛际英说："师父领进门，登堂靠自己。你在这儿学的只是一点儿基本功，要想有所长进达到炉火纯青的地步，主要还是要靠今后继续多努力，要多思，多练。"接着他又说："练拳之人，无论在什么情况下，都要做到手与脚上下相通，手、膝、胯三合，即手与脚合，膝与肘合，胯与肩合。内功上身，坚持举动轻灵，不可用拙力。与人争斗不可逞强，无论在什么情况下，都不打倒地的对手。"

这时，盛际英感激涕零，连忙叩头跪拜在师父面前，并表示要牢记师父教诲，永做守德之人。情愿为正义而死，也不为私利而沽名钓誉。

盛际英入少林寺的时间是前年的四月十五日，出师的时间应是在当年的四月十五日。但洪元坚持要多留盛际英三个月，为什么要多留三个月的时间呢？原来洪元有他自己的盘算。

这一天晚上，他把盛际英叫到跟前，语重心长地说："多留你三个月的时间，是我的想法，我看你聪明憨厚，身材又适合练武，想把我的两项独门绝技传授给你。"际英一听，满心欢喜，连连口称师父，又再三叩头拜谢。

洪元说："我已经老了，如果不把这两门功夫传下去，恐怕以后也没有时间了。"接着他又说："这两门功夫一门是悬空腿，一门是追风掌，都是我在多年的实践中摸索演练出来的。"

悬空腿，就是当对手来袭时，可以跳起身子在空中悬浮，然后乘势袭击对方，往往是脚到而力到，可让对方人仰马翻，甚至一脚致命；追风掌是一掌打出去，掌到而力到，往往是一掌即可重创对方，甚至让对方丧命。最后，他一再告诫盛际英："不到万般危急的时候，切不可使用这两招儿。"这时盛际英慌忙再次磕头拜谢，并表示要谨遵师父教诲，决不越雷池一步。

有人把时间比喻成流水，不光是说时间一去永不回，同时也表达时间过得快。转眼间，三个月的时间到了，洪元传授给盛际英的两项独门绝技，盛际英也已反复演练纯熟。在盛际英即将离开少林寺的时候，再一次向师父表示，今后要谨记师父教诲，决不辜负师父厚望，然后拜谢了师父，也一一告别了师兄弟，最后离开了少林寺。

盛际英久别家乡，自然回乡心切，一路上风餐露宿，日夜兼程，回来时用了八天的时间到了家。这时正值傍晚时分，家里人正准备吃晚饭，一见盛际英回来，个个心里都十分欢喜，奔走相告。

盛际英放下随身物品，跪拜在父母面前，给父母磕了三个响头，哽咽称三年多来没能对父母尽孝，还要让父母牵挂，今后一定听从父母教诲，好好做人，好好做事，回报父母的养育之恩。盛夫人也早已泣不成声，一边擦拭热泪，一边扶起际英，让他去拜见两位哥哥嫂嫂。他们亲热万分，有说不完的话，有道不完的情。

　　第三天上午，盛际英父母感到格外欢喜，让际龙差人准备了酒菜，全家人欢聚一堂，吃顿团圆饭。他们边吃边喝边叙，并且商定，择吉日邀请亲朋好友到家庆贺盛际英从少林寺学成归来。

　　庆贺的日子定在第五天的晚上。第五天是农历七月二十八，是个吉利的日子。这一天，际龙忙着接待客人，际元、际雄兄弟俩忙着安排人员打酒买菜，张罗后勤事务。

　　是夜，盛家前后院和楼上楼下灯火通明，全家人都按分工各负其责，忙忙碌碌十分热闹。大人孩子、左邻右舍及被邀请的亲友好友，他们见面后相互问候，然后入席就座，连同长工、伙计共六大桌。

　　席间，几个儿子和亲友依次给盛以成夫妇敬酒，恭祝两位老人长命百岁，寿比南山不老松。客人们纷纷给际英敬酒，祝贺际英学业有成，平安回归故里。他们边吃边喝边叙，最后际英满满斟了一杯酒走到父母面前，一仰脖子把酒喝了，深深地鞠了一躬，又跪在父母面前给父母磕了三个响头，表示三年来没能在父母面前尽孝。今后要听从父母教诲，好好做人尽孝，回报父母的养育之恩。然后又分别向各位亲朋好友以及自家兄弟敬酒。最后向家里的几位帮工和伙计敬酒。

　　酒席一直进行到晚上九点多钟，大家才各自散去。

第三章

桥窝打"鬼"，戳穿谎言

盛家楼往北约三里路之遥，官长集与前榆树张庄之间，有一双孔桥，由于地势低洼而又长年失修坍塌，终年积水，俗称南桥窝、南桥洼。紧靠桥的西边有一块荒地，这块荒地是掩埋无头尸和弃婴的地方，当地人俗称"乱尸岗"。

说"乱尸岗"有鬼，也是当地人一代代流传下来的。传说前榆树张庄有一个年逾花甲的六老头，有一次起早推着小车去凤台卖粉条，推到南桥窝时，小车推到了桥窝的水里，一连几次都是如此。这时他心想，这一定是鬼下的"障"，于是他壮了壮胆把车子推回来，坐在路边抽了一袋烟，然后，再一次才把车子推过去。只见眼前是一片逢集的景象，赶街买杂货的，买菜卖菜的，人头攒动，有大人也有孩子，热闹非常。于是，六老头找了个地点把车子放了下来。这时招来不少买粉条的人，不多时，六老头的粉条就卖完了。

天快亮了，西南庄一个捡粪的老头来到了"乱尸岗"一侧的小路上，发现六老头独自坐在坟地边上发愣，再一看每个坟头上都摆放着一把粉条。当拾粪的老头感到奇怪上前和他打招呼时，六老头好像从睡梦中才返过神来，愣了一时，才向捡粪老头叙说了事情的经过。从此，六老头在"乱尸岗"卖粉条的事也就传开了。因此人们都说，"乱尸岗"是个"鬼打窝"的地方。

"乱尸岗"的西南角是一片松树林，被老百姓说成是鬼魂藏匿的地方。西北角有一间小庙，小庙里有土地老爷的塑像，平时每逢初一十五，都会有附近的百姓到庙里烧香，乞求神灵保佑，保佑大人孩子安康幸福。

每年的农历七月十五当地俗称"鬼节"，在"鬼节"到来之际，如果是阴天，"大鬼""小鬼"都会出来演大戏。大戏，就是一个个身着白色服装，头戴白色高帽的所谓鬼魂会出现在火光下嬉戏玩耍。这里讲的"小鬼"，它们个个身高都在三米以上，先后从松林里蹦蹦跳跳地出来，嬉戏穿梭慢行。时而翻跟头，时而跳起三丈有余。当地老百姓把这种现象称为"鬼玩灯"。

盛际英是个不信邪的人，他不信人世间有什么鬼魂。为了探个究竟，这一年七月十五"鬼节"的当天晚上，他身穿一身黑色服装，携带两件护身武器，并邀了两个不怕"鬼"的朋友，天刚一黑，他们就躲在了桥窝的桥柱边。九点多钟时，"小鬼"们演戏开始了，盛际英领着两个朋友就顺着干沟慢慢前行。在距离"小鬼"穿梭蹦跳三四十米的地方，盛际英对着一个"小鬼"射出一镖，正射中一个"小鬼"的小腿肚子，只听哎呀一声，射中的那个"小鬼"就应声倒地。这时，另外几个"小鬼"立马上前，抬着被射中的那个"小鬼"就往树林里跑。说时迟那时快，盛际英和两个朋友一个箭步蹿了上去，用手中的皮鞭照着另一个"小鬼"就是一鞭，被打中的那个"小鬼"应声倒地，哭爹叫娘。盛际英一个箭步冲过去，并大声喝道："你们到底是什么人？为什么要这样做？"这时几个"鬼"当即跪倒在地，连声求饶，并告知他们是"杨大仙"请来的人。盛际英恍然大悟，原来那些所谓的小鬼分明就是人装扮的。

杨大仙是何许人也？是当地的一个经常装鬼弄神给人看病的"神医"。他们每个人的脚下，都戴了一副钢丝弹簧脚踏，身子稍微跳起，用力往地上一踏，弹簧的反作用就可把人弹起丈余。头上的高帽子是用铁丝编织的，四尺有余，面部也做了一些装饰，看上去不伦不类，就是人们传说中的"鬼"。杨大仙这样做的目的，就是吓唬当地不知实情的老百姓，骗取老百姓的信任，认为他是修炼多年的黄鼠狼精的化身，给人看病，手到病除，心甘情愿地去小庙里烧香拜佛，给他供奉食品和香火钱。

就这样，杨大仙装神弄鬼的把戏被戳穿了，当地百姓再也不信"乱尸岗"有鬼的谎言了。从此，盛际英打鬼的故事，在附近百姓中传开了，人们都夸盛际英胆量大，是降妖捉鬼的钟馗。这个故事，一直在当地百姓中传颂着。

第四章

娶妻刘氏，埋下祸根

且说，乾隆四十三年，盛际英已有19岁，按农村的习俗，早已到谈婚论嫁的时候了。在此之前，也曾有两家来人提过亲，但都没能说妥，所以一拖再拖，最后不了了之。

这一年的春节刚过，本村一家远门亲戚来给盛际英提亲，父母及家人都十分欢喜。女方是凤台新集西边刘秀才家的二闺女，属猴，年方17岁。盛以成夫妇觉得两个孩子年龄相当，其他条件也都匹配。因此，想征求一下际英本人的意见，然后再做定论。

在这期间，本村西头算是际英的一个三婶子的亲戚来了，叙话间开门见山地说："听说有人给你家际英说亲，是西刘家刘秀才的二闺女。"这时，际英母亲一边笑着一边说："可不是嘛，是远门的一个亲戚来说的，我和际英他爸都觉得条件还不错。"话音刚落，三婶子就接着说："嫂子，你可能不知道，那丫头原来是说给俺娘家一个三侄的。经人打听，说这个丫头品行不端，又缺乏家庭教养，小小年纪就跟男人有勾连，耳旁还长了一个克男人的黑痣。"际英母亲听三婶子这么一说，当时是半信半疑，三婶子走后，际英母亲就把这些情况跟盛以成叙说了一遍。夫妻俩想，难道媒人说的有诈？当日晚上，夫妻俩就去找到媒人，把听到的情况向媒人说了一遍。媒人听了之后，首先安慰际英父母几句，然后就把知道的实情说了出来。

河东傅家在西刘家的确有一门亲戚，算是傅庄主的堂妹。也许有人会问，傅庄主是谁？傅庄主是当地有名的富豪，不仅有钱而且因与官府有关系，在地方上也颇有势力。有一年的春节期间，傅家三少爷到刘秀才家走亲戚，无意间见过刘秀才家的二闺女。他见刘秀才家的二闺女天生丽质，长得漂亮，回家后就让父亲托人前去讲亲。哪知刘秀才经过一番打听，认为傅家三少爷是个花花公子，仗着家里有钱有势，经常欺男霸女，因此就回绝了。傅庄主觉得没面子，心里也很不高兴。他家的三少爷动怒，并发誓说："我娶不到你，谁也别想娶你，我让你当寡妇一辈子都嫁不出去。"因此，他编造谎言，到处说刘家二闺女的坏话。

盛以成夫妇听这么一说，心想，这自家亲戚的话，应该是真的，因此心里也就松了一口气。同时，又从他人口中得知，刘家二闺女长相好，天生丽质，可谓是个靓女，不仅性格温柔，而且知情达理。知道情况的人都对盛以成夫妇说，你家能娶到刘家二闺女做媳妇，那真是烧高香了。在这种情况下，盛以成夫妇经过再三思考，也就答应了这门亲事。

按习俗，际英19属马三月生，女方17属猴五月生，避开两人的出生月份，大婚的日子定在来年的二月初六。经媒人搭桥，来往穿梭传递信息，女方所要求的彩礼筹备等，盛家都一一应承照办了。

说着讲着年关到了，距盛际英婚期只有两个多月的时间了，为了张罗盛际英的婚事，全家上下老少包括长工，都忙得不可开交。随着时间越来越近，准备工作也日渐完成了。

为了图吉利，盛家还特意请了两位父母和儿女双方的婶娘，帮助铺床和布置新房。新房门前的两侧，贴了一副醒目的对联。上联是：交颈鸳鸯并蒂花下立；下联是：斜翅紫燕连理枝头飞。

大婚的当天，雇了两班吹鼓手，随同一顶八抬大轿，迎亲队伍浩浩荡荡，一路吹吹打打热闹非凡。上午11点10分，新娘就进了门。

新娘下了花轿，两位伴娘搀扶着步入客厅。拜了天地，拜了高堂，然后夫妻对拜，最后由伴娘陪同送入洞房。

当盛际英掀开新娘的盖头时，看热闹的人一见，是清纯靓丽中饱含着优雅与端庄，含蓄内敛中积淀着沉稳与大气的美貌女子，无不夸奖新人长得漂亮。闹洞房的人很多，特别是和际英大小差不多的那帮小子，闹洞房闹得甚至出了格。这时，看热闹的人也很多，特别值得一提的是，同时来了几拨儿打竹板贺喜要饭的。虽然有专人打发，还是一拨儿走了又来一拨儿。其中一个年岁较长的贺喜人，见了盛以成夫妇，嘴里不停地唱道："东家喜，东家忙，东家娶来西施娘；高的柜，矮的箱，不高不矮的是象牙床。象牙床上是绫子被，绫子被上绣鸳鸯，鸳鸯戏水两情悦，明年必生状元郎。"盛以成夫妇听了这些恭维话，心里特别高兴，乐得一直合不拢嘴，忙让家人给他们拿赏钱……

这一天，因为冬天的寒意未尽，所以还尚有凉意。但是，由于人们心里高兴，欢乐的气氛浓，所以根本没有人有冷的感觉。像是过大年似的，人们都沉浸在一片欢乐氛围之中。

开席了，又是一阵暴风雨般的爆竹声，震耳欲聋，宾客个个入座。按习俗十个碟子八大碗，先后依次上桌，大家边吃边喝边叙，场面十分热闹，直到天快黑的时候，人们才逐渐散去。

　　盛际英婚后夫妻恩爱，生活幸福美满，但美中不足的是妻子刘氏婚后一直未能生育。经医生诊断，是因为她患有妇科病。后经多方治疗，盛际英24岁才喜得贵子，紧接着，第二个、第三个儿子也先后出生。一家五口人的日子过得十分甜蜜，十分幸福美满。不幸的是，在第三个儿子还不到3岁时，刘氏因病过世。

　　俗话说，老怕伤子，少怕伤妻。这时盛际英还不到不惑之年，内心悲痛不言而喻。在这种情况下，由于盛际英整天忙于外部事务，家里孩子的衣食起居主要靠父母照顾。为了减轻父母的负担，他常常给孩子们讲故事，教孩子们唱儿歌。孩子们最爱听的儿歌是：小大姐，小二姐，你拉风箱，我打铁，挣的钱给爹爹，爹爹买个红菱帽，奶奶买个咯噔鞋。猫打水，狗烧锅，兔子洗手捏窝窝……除教他们唱儿歌外，还像当年父亲对待自己那样，用《幼学琼林》《弟子规》等幼儿启蒙读物中的故事教育几个孩子。随着孩子一天天长大，盛际英就先后送他们进学堂读书，业余时间教他们舞刀弄枪，让他们锻炼身体。因此，三个孩子从小就乖巧懂事，有人夸盛际英教子有方时，盛际英总是深有感触地说：

　　"再美丽的花朵，都要除草、剪枝、灭虫、施肥；再好的骏马都需要喂草、洗刷、驯养。种花如此，驯马如此，教育孩子同样也是如此。"

第五章

整修祠堂，建树家风

这一年入秋以后，天气一直晴好，不觉中秋佳节到了。

中秋节是什么节日？自古都是家人团圆，建树家风、企盼来年风调雨顺、丰收幸福的日子。当天午饭后，盛以成和往常过中秋节一样，带着儿孙们一起，到祖坟上燃放鞭炮，烧纸钱，给先人磕头叩拜，寄托哀思，行孝礼。

当日晚上，庭院里摆了两张大方桌子，孩童们一边玩耍，一边吃月饼，大人们一边赏月，一边喝茶聊天儿。

这时，盛际英看父亲心情好，就把兄弟几个商量准备整修福寿堂、盛氏祠堂，弘扬福寿堂盛氏家风，以及兴盛家庙集的想法向父亲作了汇报。这个话题对于父亲盛以成来说并不意外，因为在此之前，盛际英也曾向父亲提起过，盛以成也想过。在他想来，在凤台这一带，盛氏也是名门望族，整修盛氏祠堂，建树盛氏福寿堂家风是正经事，也很有必要。因此，他从心里是赞成的，也是支持的。

原盛氏福寿堂、盛氏祠堂系由盛氏福寿堂远代裔孙盛大宏所建。盛大宏是何许人也？在明朝天顺年间，在与蒙古瓦剌兵多次混战中，盛大宏战功显赫，得到英宗朱祁镇青睐。英宗二次登基后，盛大宏被封为正殿驸马都尉，晚年回乡建立家庙，修建盛氏宗祠。正德武宗皇帝朱厚照特为盛氏祠堂御书"龙凤如意"匾，盛氏家族世代祭祀，香火不断。但由于多年失修，房屋和庭院多有败落，显得十分荒凉。

关于建立盛家庙集，当地百姓也都有想法、有要求。因为盛家楼这一带盛氏及其他张王李赵百姓家，距凤台城均有20多里，距河东胡家庙集虽然近一点儿，但因隔着一条小河，隔河渡水老百姓赶集也十分不方便。所以对于建盛家庙集，盛以成并不反对，于是盛以成反问际英，你们整修盛氏祠堂的提议我赞成，但兴建盛家庙集的地址选在哪里？所需资金如何解决？盛以成的话音刚落，际英接上去说："这个问题我想过，也征求过大哥、二哥的意见。原建在新集孜（地名）东北角的20多间盛氏祠堂，可以重新整修，然后，在路路弯（村庄名）对面的盛家圩子南面，有李姓的60多亩抛荒地，我想花钱买下来，用于兴建盛家庙集。"

盛以成听际英这么一说，也觉得有理，最后他表示说："际英的这个意见我赞成，但我要说的是，这两个问题都牵涉到我们盛氏福寿堂家族的事，要听听家族中的长辈们的意见才能定。"最后兄弟几个一致表示，听从父亲安排，静候佳音。

将近一个月的时间过去了，这一天，盛以成把几个儿子叫到跟前，转告了家族同意整修扩建盛氏祠堂、兴建盛家庙集的提议，盛际英和兄弟几个，无不欢欣鼓舞，心里感到十分高兴。

盖房屋、修街道和铺路，都需要用砖用瓦，附近也没有砖瓦窑厂。盛际英与兄弟们商定，决定在新集东北角，靠近河边的高地建窑烧砖瓦。于是盛际英从寿州城请来几个烧砖窑师傅，连夜建窑烧砖，又找来一批建筑工匠同时施工。就这样两班人马夜以继日地工作。不到一年的时间，一座崭新的盛氏祠堂就整修好了，加上新建的8间，一共是28间房子，院内地面全铺的是青砖和石条。

盛家庙建在盛家寨圩里的北边。在盛家寨南门东西路，兴盛家庙集（地名）路两旁由商家自行建房，开办商店、渔市，以及地方商品交易所等。就这样，一个新兴集市也由此兴起。从此，附近百姓上街赶集不用长途跋涉地去凤台，也不用渡船过河去胡家庙集了。当地百姓无不欢欣鼓舞，拍手称赞，但却引起胡家庙集傅氏家族和张姓家族的不快。因为盛家庙集市的发展抢了他们的地盘生意，削弱了他们的地方威信，减少了他们搜刮民财的机会。

盛氏祠堂内供奉着始迁祖盛东昱至第九代已故裔孙的牌位。每逢重大祀日，盛氏裔孙可到祠堂里敬奉先辈，乞求先辈庇护儿孙后代平安幸福。为此，盛氏福寿堂裔孙举行了隆重的祠堂落成庆典。

凤台盛氏福寿堂祠堂旧址

与此同时，为了让盛家庙集开市引起轰动效应，盛际英特意从河南请来了豫剧戏班子，一天三开腔，看戏的、看热闹的人很多。第三天上午，大戏开场没多久，来了一帮看戏的年轻人，谁知他们把带来的两笼鸭子带进了看戏的人群，正当大戏演到高潮时，他们把鸭子从笼子里放了出来，鸭子在人群中乱飞乱叫，闹得整个戏场一片混乱。

　　这时，维持秩序的几个人，从人群中揪出那两个放鸭子的人，结果两个放鸭子的身后又接着跟出来一帮年轻人。看样子他们是有备而来，看戏是假，砸场子闹事是真。所以，几句话没说，维持秩序的几个人就与他们动手打了起来。其实，这一情况有人早已通报了盛际英。盛际英赶到跟前，双手抱拳："敢问哪路来的兄弟，盛某有失远迎，多有得罪，我这边给你们赔礼了。不过大家都是来听戏的，你们这样做，不太好吧！不光是我们盛氏家族不能同意，所有来看戏的百姓也都不答应。"对方见有人出来讲话，停下拳脚，凑了上来。盛际英接着说："你们是不是来找我的？那我就陪你们玩玩。"话音刚落，盛际英让人搬来一张大方桌子，拿来一把红缨枪，对着那帮人说："我躲在桌子下面，这把红缨枪交给你们，你们离我一丈远，如果能碰到我，就算你们赢了，我盛某任由处置。不过你们要是输了，从今以后不准踏进我盛家庙集半步。"说完，一猫腰钻进桌子下面。

　　那帮人心中很不服气，其中一个小头目模样的人接过红缨枪，一个箭步，猛地向桌子下的盛际英扎去。

只见盛际英在桌子下面，移、挪、躲、闪。时而四肢向下，背部贴住桌面，像粘在桌子上；时而抓住桌角，身体缩成一个球；时而倒立，单手着地，双腿弯曲……那人挥舞长枪，一次、两次，一连几次也扎不着盛际英，显得有些急躁，逐渐乱了枪法。几个回合下来，那人已是满头大汗。只见他冷哼一声，把红缨枪往地上一扔说："盛际英果然是名不虚传，今天我算是见识了三爷的武功，也见识了三爷的人品。我服了。"

盛际英躲在桌子下面，面积就这么大，为什么扎不着他呢？大家都觉得是个谜。其实，盛际英用的是缩身法的软功，加上眼疾动作快，所以对方扎不着他。

盛际英从桌下出来后，双手握住对方的手诚恳地说："你们来就是捧场了，请你们赏脸，我用薄酒招待你们，算是交个朋友。"没等际英把话说完，对方那帮人就礼貌地说："不想让三爷破费，来日方长。"于是一一握手告别。

后来经过一番打听，原来这是河东傅家对盛际英起盛家庙集这件事心存不快，就挑动张员外家的公子，从社会上找来一些小混混前来闹事。

且说张员外，与县衙也都有亲戚关系，在当地也是有头有脸的人家，过去与盛姓不睦，也曾欺负过盛氏家族的人。自从际英学武归来后，撑起了门面，两家的关系才有所缓和。

三天的盛家庙会之后，盛家庙集算是开市了。集市商贸繁华，富商云集，这样的情况延续了一百二十多年。据传说，由于地势低洼，这里经常遭水淹，一些商家陆续搬到三官庙。其中有李金响的大饭店、盛长范的百货商店、盛克家的小猪行等。直到1945年秋，盛家庙集才完全移址到约1.5公里之外的三官庙，群众俗称盛氏三官庙集。时至今日，集市仍然十分兴旺，是附近30里以内百姓货物交换流通的首选之地。

盛家庙庙集开逢集仪式现场

第六章

开办武馆，声震百里

　　盛际英在少林寺生活三年有余，养成了晚睡早起的习惯。他每天早上起床后，首先是向父母请安，然后是操练拳脚棍棒的功夫。再其后就去帮助大哥二哥和四弟料理家务，以及打理其他事宜。日复一日，盛际英觉得生活过得似乎有些单调乏味。

　　在这期间，本村以及附近村子里，和盛际英年龄大小差不多的一帮年轻人，时常三五成群地到盛际英家里，跟盛际英聊天儿、叙旧。把外面听到的看到的新鲜事儿都跟盛际英叙说。这让盛际英对那帮年轻人深感敬畏，同时，盛际英对外面的那些新鲜事儿也深感有趣，也因此对未来的生活产生了一些向往。

　　其实，前来的那些年轻人，心里都有一个共同的想法，就是想跟盛际英学一点儿拳脚功夫。盛际英也猜测到了这一点，但彼此心知肚明都没有说出口，盛以成看在眼里，心里倒有些犯糊涂，但也没有多问。

　　父亲盛以成想，际英也老大不小了，既然已经学武有成，也该有自己的主见了，有些事也应该让他有所担当。这一天晚饭后，风清月朗，盛以成把际英叫到跟前，想问个明白。当际英来到他面前时，他毫不掩饰地问际英说："我看经常有几个年轻人到你的住处来，是不是有什么事？"话音刚落，际英就随口答道："他们到我这里来是想让我办个武馆，教他们学点儿武功。只是他们没有明说，我也没好多问。"

盛以成听际英这么一说，心里全然明白了。因为别人在他面前也说过这件事，但他并没介意，心想年轻人想学点儿武术，也并非是什么坏事，再说，际英也懂事了，有些事也该让他当家做主了。然后随口问际英说："那你是怎么想的呢？"际英随口答道："这事我并没有去多想，全凭父亲做主。"

盛以成接着说："你也老大不小了，也该做一点儿事情，但话又说回来，这件事对我们家来说，也算是件大事，也要跟你两个哥哥和弟弟商量一下才能决定。等我找个机会，全家人在一起商量一下再说。"际英听父亲这么一说，满心欢喜，因为他看得出，起码对办武馆的事父亲是支持的。

两个月的时间过去了。在这段时间里，盛以成听取了方方面面对自家办武馆的意见和看法，心中自然也就有了数。为此，盛以成选了一个吉利的日子。这一天的午饭后，他把几个儿子召集到一块儿，开门见山地说："你们兄弟可能都有耳闻，村里的一帮年轻人想让际英办武馆，际英从心里讲也想办。现在想听听你们几个兄弟的想法。"盛以成的话音刚落，际龙、际元、际雄兄弟三人先后发言，一致表示赞同。接着，盛以成说："既然你们兄弟几个都赞同际英办武馆，我也表示赞同，只是家里种地的人手少了，那就需要再多雇两个长工。"

决定办武馆，那么房子问题怎么解决呢？父子几个经过再三商量，并征求家族长辈的意见，最后决定暂时利用盛氏祠堂多余的房子。同时，再增盖几间平房，这样少说也有40间，基本上房子问题是解决了。

既然办的是武馆，就需要武师，聘请武师又是个大问题。盛际英经与父亲商量，并征求大哥二哥的意见后，决定去一趟山东，那里有和他一起在少林寺学武的兄弟。然而很不凑巧，他到了山东一打听，那几个兄弟有的去了东北，有的去了云贵。于是，盛际英马不停蹄先去了东北，见到了在少林寺共同拜师学艺的几个兄弟后，又带他们去了云贵，也如愿见到了在云贵打拼的几个兄弟。盛际英说明意图后，经过一番商量，他们都十分乐意随盛际英回来，帮助盛际英成全办武馆的愿望。那几个乐意回来帮助盛际英办武馆的兄弟的好友曾劝导说："你们在这儿打拼干得很不错，为什么非要回去帮他呢？"他们共同的回答是："盛际英这个人我们了解，他有饭吃的时候，决不会让你饿着。"

办武馆的武师有了，房子有了，又筹备购置了一些练武用的器械和桌椅板凳及生活上用的东西，雇用了几个后勤上所需要的勤杂人员，一切筹备就绪了。

为了加强对武馆的管理，盛际英与几个武师商量，成立了武馆会。由际英任馆长，下设几个授课训练组。同时，对勤杂人员也进行了分工。力求分工到人，责任明确。就这样武馆办起来了，并定名为"际英武馆"。开馆的日子定在乾隆四十六年十二月十二，是双六，意在顺顺当当。

际英开武馆的消息像是长了翅膀似的传开了，附近十里八乡想学武术的年轻人，都先后三三两两前来报名。仅几天的时间，就报了四十八人，大部分都是本地人，也有来自周边县市，如蒙城、怀远、颍上的。

开馆的第一天，盛家请了锣鼓班子，围观者除了武术班的学员外，更多的是附近来看热闹的群众，约二百人。盛家像是办喜事一样，人来人往，热闹非凡。一直折腾到中午吃午饭时辰，看热闹的群众才慢慢散去。

当日下午举行了开馆典礼。全体人员集中到武馆的大厅后，由武馆教务主任姚忠平清点学员人数。为了便于开展工作，又把几位武师一一介绍给学员，并留下充足的时间，让武师与学员交流。这样也便于在今后的训练和日常生活中双方相互了解，随后由武师对学员提出了几条纪律要求。

最后，由盛际英代表武馆给学员讲了话。他开门见山地说："武馆是干什么的？顾名思义，武馆就是学武练武的。练武之人首先要习德，从某种意义上讲，习德比练武更重要。因为德是做人的根本，是引领思想的通行证。其次，习武主要是强身健体，不可逞能耍奸，恃强凌弱。再次，习武要有吃苦的思想准备，我们要有持之以恒的精神。因为不经过艰难困苦的磨炼，就很难达到成功的境界。"

学员们聆听了盛际英的一席话，纷纷表示，既然来到武馆，就一定会听从教诲，哪怕是刀山也要上，是火海也要下，决不半途而废。

从第四天开始，武馆正式开课了。开馆的第一堂课，是由武师给学员讲述武术基本功的要领。要求学员要在肩、臂、腰、腿上练好基本功，增强背的柔韧性，加大关节的活动范围。从而发展肩部力量，提高上肢伸展和旋转能力，为掌握和练习拳术的动作和方法打下素质基础。腰是贯穿上下肢的枢纽，俗话说，"练拳不练腰，终究艺不高"。通过练腰，发展腿部柔韧性、灵活性和速度与力量。

为了让学员练腿部肌肉力量，盛际英让武馆武师和学员一起动手，在夹河湾的浅水区，打了56根木桩柱。桩柱直径五寸，下半截打在水下泥土里，上半截高出水面三尺，柱与柱之间三尺，俗称"梅花桩"。通过梅花桩习练拳的套路，即顺势、拗势等五大势，练全身之气，另有行步三法。武馆把练习"梅花桩"作为一堂课，这样，不光是让学员练腿部肌肉的韧性，也可让学员提升轻功能力。

平时教学、训练都是靠四个武师承担，盛际英主要是对学员进行思想教育，在学员有了基本功之后，重点传授独具特色的盛家拳法。为了不断提高教学质量和改进训练方法，盛际英经常轮番带几个武师外出山东、河南、四川等地，广交朋友，学习人家办武馆的经验，相互交流授课和武术训练的方法。

为了不断提高办武馆的经验和武术技能的教学方法，他还经常邀请山东、四川等地的武术高手到武馆相聚，听取他们对武馆的看法，吸收经验，从而不断改进和提高办武馆的技能和水平。因此，盛际英武馆是越办越好，声名远扬，特别是盛际英在少林拳的基础上独创了盛家金刚拳。据《凤台县志》有关资料记载，盛家拳也称盛际英金刚拳，是在吸收其他拳术精华的基础上优化而成。主要特点是以攻击为主，长击短打，迅猛多变，刚疾快狠，手似利箭，起落翻转，进退自如，起如举鼎，落如分山，全套共分八式。武馆更加出了名，也因此越办越红火，培养出来的武术人才近百名，遍及省内外。其中有一部分学员后来投身军营，为国家和民族做出了贡献。

第七章

义平祸患，情系百姓

　　清乾隆后期，土地资源集中，封建统治阶级生活奢侈，贪官污吏横行。嘉庆八年（1803年），在社会动荡的情况下，北方白莲教打着匡扶正义的招牌，网罗地痞流氓黑势力，宣称受上苍旨意成立白莲教，虽然肉体凡身，但久炼成钢，刀枪不入。其中宿州、怀远一带的白莲教徒下属分支头目王朝名，手下教徒打着匡扶正义的招牌曾夜袭宿州城，杀死了知州张鼎及一些官吏，又曾到玉皇寺抢劫珠宝财物，杀死玉皇寺长老，猖狂至极，所作所为令人发指。不仅如此，他们还经常到蒙城、凤台一带抢劫财物，骚扰百姓。老百姓谈及此事，无不心惊肉跳。

　　这一天，传来消息，说白莲教徒在凤台大兴集抢走两个十七八岁的妙龄姑娘，准备上贡教主。说白莲教主是皇帝的化身，每夜都不能空房，都要有少女陪伴过夜，否则天下就会不太平，就会大乱。

　　盛际英听到这样的消息，心中十分愤怒。大兴集距盛家楼少说也有20公里，为了查明真相，他随即从武馆中挑选几个身手好的学员，由武馆教官樊大柱带领，到大兴集一带白天调研，走访百姓，夜晚守候街边等机会接触他们。当地百姓听说樊大柱他们是盛际英武馆的人，无不争先恐后向他们述说白莲教的种种恶行。

这一天，天刚黑，老百姓有的还没吃晚饭，白莲教的那帮匪徒就赶了来。老百姓听到风声，说是白莲教的人到了小陈庄，马上就有人去报告盛际英武馆的樊大柱等人。樊大柱等6人立马启程赶往小陈庄，经过一番了解，得知他们共来了12人，比樊大柱他们多了一倍，领头的叫孙大胖。樊大柱心想，既然来了，就没有后退的路。正当匪徒准备拉陈元理家的老牛时，樊大柱等人赶到了跟前，劝他们放手。可匪徒根本不听，双方就动手打了起来。由于对方人多势众，采取群狼战术，樊大柱他们多少吃了点儿亏，孙大胖虽然占了便宜，但也留有余地，于是收手，并约定下月十五日再作了断。孙大胖放出大话说，如果武艺不精，自己就听从盛际英武馆发落，"如果武馆兄弟败于我们，从今往后不得干预我们的一切行动。"

且说樊大柱带着几个兄弟回到武馆后，如实将情况向盛际英做了一番汇报。盛际英听了汇报后，虽然当时没说什么，但其实气得肺都要炸了，就是吃他们几口肉也不嫌腥。但反过来一想，那帮人多数也都是穷苦出身，如果能让他们回归到老百姓的正常生活中来，那也是一桩好事。心想：下月十五日我一定要亲自到场会会他们。然后，他简单地安慰樊大柱等几位兄弟后，便让他们各自回房休息去了。

转眼间，双方约定的日期就到了。这一天，天气晴朗，因为是深秋时节，风里多少带有几丝凉意。盛际英吃过早饭后，随手穿了一件衣服，然后从武馆中挑选了几位身手不凡的兄弟，就启程上路了。近40里的路程，只用了两个小时多一点儿的时间就到了预定地点。

在白莲教王朝名想来，盛际英武馆成立的护民队经常干扰他们的行动，武馆就是他们的心腹之患。制服了盛际英的护民队，也就消除了后患，方可为所欲为，不受任何干扰。

正在东思西想之际，盛际英一行8人就已经赶到了。王朝名见领头的身材魁梧，仪态非凡，像个有武功的人，心想一定是盛际英。于是倒吸一口凉气，心中暗想，是福是祸还真的难料。王朝名一边想，一边礼节性地走上前去，抱拳施礼。双方自报家门寒暄后切入正题。王朝名先开口道："久闻盛大侠威名，今日一见果真不凡。"盛际英接上去说："彼此彼此。我想请教王首领，今天怎么个比法？还请王首领明示。"王朝名接上去说："看来你们来的人少，我们的人多，那只有一对一地比比较公平。"盛际英接着说："那是，王首领费心了，我盛某表示感谢！"这样一来，比赛的规则有了，那就是一对一，单打独斗。

比赛开始了，王朝名派的第一个上场的叫徐武，是他们中的三号人物。盛际英派的第一个上场的是陈扬，是武馆中的一般人物。徐武和陈扬上场后，先是抱拳施礼，紧接着就动起手来。双方开打进行到第四招儿，徐武用了一个霸王甩鞭正踢在陈扬的右肩上，于是陈扬便败下阵来。第二场王朝名派上场的是尚兵，是他们中间的二号人物，盛际英派的是孔祥。双方交手，一连打了十几个回合没见输赢，最后尚兵用了一个独龙过江劈心掌，孔祥玩了一个老君封门，两人算是平手。第三场王朝名仍然让尚兵出场，盛际英让胡坤上场，结果胡坤败下阵来。这时王朝名心中暗喜，因为从总体上讲，一连几场占了上风。经过几轮较量后，盛际英已经心中有数，决定自己亲自上场。他把徐武和尚兵的手脚功夫看在眼里，决意要教训他们一下，让他们知道武馆的厉害。王朝名见盛际英亲自出马，也决定派一号高手高威上场。开始两人多少有点相互礼让，双方一连打了十几个回合后未分输赢，这时高威心中有些急躁，心想：传说中的盛际英不过如此，何不让他早点儿败下阵去？于是用了一个力劈华山的绝招儿，盛际英见来势不妙，用了一招儿白鹤亮翅，轻轻躲过。紧接着高威用了黑虎偷心的绝招儿，盛际英来了一招儿顺手牵羊。当时盛际英心想：此人来者不善，看来非要教训他不可了。于是，他闪身跳起，用了一招儿凤凰单展翅的功夫，一只脚，正踢在高威的右肩锁骨上。只听高威哎哟一声倒在地上。其实，盛际英的脚只用了七分的力气。这时盛际英马上收势上前伸手把高威拉起，双手抱拳施礼，谦虚地说："承让了！"

这时王朝名看在眼里，心想，看来盛际英真的是名不虚传，有心上前与之交手，又感到没有把握胜过盛际英，如果上场败于盛际英，那不是丢丑吗？于是，他上前抱拳施礼道："看来盛三爷是名不虚传，今天的比武我看到此结束，今后我这帮兄弟听从盛三爷你差遣。"同时还承诺，将前几天抓来的两个姑娘交给盛际英，让盛际英带回交还给她们父母。盛际英接着说，既然说是自家兄弟，凡事好商量，并约定就有关事宜，改日另行商谈。然后，各自收兵回营。

一连过了七八天之后，王朝名见高威的伤势渐渐地好转了，就召集那帮兄弟到议事厅，想听听兄弟们的意见和想法，然后商量对策。王朝名的话音刚落，高威就开了口，他心平气和地说："这次和盛际英交手，我感到盛际英的武功确实比我高得多，我虽然吃亏，挨了一脚，但我心里服。"接着他又说："这几天我心里一直都在想，盛际英说我们白莲教的兄弟都是穷苦人出身，反而还去伤害那些穷苦百姓，实在是天理难容。这话倒也有理。"紧接着徐武说："谁家没有父母，谁家没有兄弟姐妹？再说，我们这样下去，也不算事儿呀。"其他兄弟也都接着说："大哥，我们也该好好想一想，合计合计。"最后他们商定，再去一趟盛际英武馆，听听盛际英的建议，然后再作决断。

这一天，天气晴朗，由于风大，天空中的几朵白云像是赛跑似的，飘得很快，变幻无穷。吃过早饭，王朝名带了几个兄弟直向盛家楼进发。上午10点多钟，他们就来到了盛家楼，然后经人带路就赶到了际英家的武馆。

门卫见来了客人，立马通报了盛际英。盛际英一听说是白莲教王朝名前来拜访，喜出望外，忙放下手中的活计出门迎接。见了面他们抱拳施礼，寒暄问候之后，盛际英带路，把他们带到了议事厅。这时，不用吩咐，武馆就有人给客人每人泡了一杯上等的茗茶"女儿红"，送到每位客人面前。王朝名等甚感盛际英待客热情恭敬，心中十分敬佩欢喜。

大家坐定之后，盛际英首先向客人们介绍了武馆的情况，然后又介绍了成立"护民队"的宗旨。他向客人们介绍说，参加武馆学习的多数都是当地热血青年，成立"护民队"主要是为当地百姓看家护院，免受土匪和地痞流氓欺凌。讲到这里，他特别提高嗓门儿对王朝名说："我敬重你的为人，但我不赞成你那帮兄弟去做危害百姓的糊涂事，他们也有父母和兄弟姐妹，也是穷苦人。"一席话说得他们个个都低下了头，看样子是羞愧难当，有的甚至擦眼泪，客厅里显得十分安静。这时，王朝名开口说话了，他说："你讲得句句在理，但我如何收手，如何向这帮兄弟交代呢？"

这时，盛际英似乎也看出了王朝名的心事。于是说："王首领，你如果信得过兄弟我，我们俩交个朋友，那么你的事就是我的事。我想，你那帮兄弟想学武的到我这武馆来，吃住全免；想回家侍奉父母，友爱兄弟姐妹的，每人我发放路费5两银子。"王朝名听际英这么一说，从内心感动，心想：盛际英真乃人杰也。于是他站起身来激动地说："你这个兄弟我认了，你的这番心意我领了，待我回去与兄弟们商量后，再作回话。"说着起身就要走。这时盛际英立马站起身来说："既然都是兄弟，那就不该见外。我已略备薄酒，准备与兄弟们共饮。"话音刚落，王朝名起身说："那就恭敬不如从命了。"盛际英吩咐中午12时准时开席。

席间，大伙喝得十分尽兴。三巡过后，盛际英斟了满满一杯酒起身走到了王朝名身边，十分谦和地说："既然你认了我这个兄弟，就喝下这杯酒吧。这杯酒是小弟我敬大哥的。"这时王朝名立马站起身来激动地说："既然你我是兄弟了，那就用不着客气，咱们兄弟共饮。"说着，各自都一仰脖子把酒喝了。

紧接着，盛际英又挨个儿向客人敬了酒。然后武馆的几位师傅也都挨个儿向客人敬了酒，气氛十分热烈，吃饭喝酒一直进行到晚上10点钟。这时，盛际英心想，既然大伙都喝了酒，为了安全起见，想安排王朝名等人住宿，让他们第二天一早再走。王朝名等一伙人不想再麻烦盛际英，于是起身告别了盛际英。关于王朝名那群兄弟的去向问题，双方约定下月十五日前再作确认，然后王朝名一行人就回去了。

说来江湖中人也都十分守信用讲义气，他们走后没到半月，王朝名就派人前来传话，表示他那帮兄弟都乐意接受盛际英的忠告，何去何从愿意由盛际英发落。

他们一帮58人，其中有12人愿意到际英的武馆学武，其余46人愿意回归故里，从此不去做危害百姓的事。王朝名还特别邀请盛际英单去了一趟给他们训过一次话，然后才解散那帮兄弟。

第二天上午，盛际英从武馆回到了家里，将此事与父亲商量后，父亲让际英从账房取了230两银子。当日下午盛际英随身带了几个兄弟，前往王朝名的住地，把230两银子如数交到了王朝名手里。当日晚上，王朝名心中特别欢喜，一再挽留盛际英等共进了晚餐。饭后，盛际英利用短暂的机会，对要遣散的兄弟提出了忠告，希望他们今后好好做人，好好做事。而后，盛际英一行5人又连夜回到了武馆。

临行前，盛际英再三嘱咐王朝名，希望想学武术的几位兄弟三日内到际英武馆参加学习。

从此之后，凤台、蒙城、怀远一带的百姓得以免受白莲教的侵害，过上了安居乐业的日子。这件事一传十、十传百地传开了，凡是知道这件事的人，都称赞盛际英做了一件功德无量的好事。因此有人说，盛际英给人恩惠也不记在心上，乃真正的仁人君子也！

第八章

徐州比武，声名远扬

这一天早饭后，盛际英正准备去凤台城里看望一位朋友，这时有人送来一封信。信封上写道：际英老弟台启；落款是：愚兄范东杰拜上。他打开信封一看，上写道：际英老弟，自少林一别，回归故里迄今已三年有余，常与武林朋友切磋武艺，也常闻你在家乡传承少林武术精华的基础上，潜心研习盛家拳，且有独到之处。今徐州开办武林大会，其宗旨是探讨武术真谛，并以武会友，广交天下武林好汉。落款是：翘首以待，如若光临，必使寒舍蓬荜生辉。愚兄范东杰敬上。

盛际英看完信后，陷入沉思之中，三年多少林寺的习武生活，立马就浮现在了眼前。范东杰比盛际英年长两岁，性格豪爽，为人诚恳热情，比盛际英早到少林三年。在习武的过程中，盛际英常向范东杰请教，受益匪浅。从内心敬佩范东杰，把范东杰视为挚友，视为兄长。盛际英思虑再三，决定应邀去山东一趟。一是为了看望师兄范东杰；二是到徐州比武现场开开眼界，会会参加比武的武林界英雄好汉。于是，盛际英把家里的事做了一番安排，带了几个武友按照时间要求，应约出发，第一站就到了范东杰家。

范东杰与盛际英见面后，两人心里都十分激动，拥抱在一起，久久不愿松手。范东杰作为东道主，中午十分热情地款待了盛际英，午饭后，两人在客厅里有说不完的心里话，特别交流了离开少林寺几年来的家庭生活和习武情况。同时，范东杰也向际英讲述了徐州府将要举办比武的诸多情况。

他告诉际英，比武的意图很明确，就是切磋武艺，以武会友。际英听了这些介绍，也很是满意，总觉得这次山东之行不会是一次虚行。

第二天，范东杰陪同盛际英看了他办的武术培训班，游览了山东有名的泰山、曲阜三孔等名胜古迹以及风景区。这让盛际英从内心深处颇为感动，认为没有白交这位重情重义的朋友，也没有白来这一次山东。

第五天上午，早饭后范东杰雇了一辆马车，盛际英和范东杰以及其他几位朋友一道去了徐州府，准备参加比武大赛。

比武的擂台是用原木搭起来的，两米多高，一幅醒目的横幅悬挂在布景的正中央，显得十分庄严而肃穆。台下早已聚集了许多前来参加比武的壮士和看热闹的百姓。

一阵震天响的锣鼓声过后，主持人张照明上台作了简短的讲话，主要是讲了武术比赛的规则和要求，并强调比武的宗旨是切磋武艺，发扬光大中华武术的精髓，从而以武会友，广交天下武林好汉。最后他提高嗓音说，这次比赛的擂主，是徐州府的武林高手姓徐名会中，随即宣布武术比赛开始。

这时，徐会中走上台中央，然后谦虚地说："我武艺不精，愿与我切磋武艺的英雄好汉请走上台来。"话音刚落，紧缩腰带、短装打扮的年轻人，个个摩拳擦掌。这时，其中一个年轻人从台下跳到台上，自称是河北唐山人，愿意领教。两人动手打了几个回合，年轻人被打倒在地，全场一片掌声。这时徐会中上前顺手把他拉了起来，两人作别后，台下又一年轻人跳到台上，也是一身短装打扮，自称是山东莱州府的人。两人交手打了几个回合，年轻人也被打倒在地，台下再次响起一片掌声。这时，在朋友的鼓励下，范东杰脱下外衣，一个箭步跳到台上。通报了姓名后，两人就动起手来，一连十几个回合没分胜负。这时徐会中心中暗想，看来此人有点儿功夫，不出强招儿难以取胜。于是徐会中把丹田气往上一提，两膀一带劲，准备用一个险招儿，还没等范东杰反应过来，徐会中的右拳已挨到他的肩上。范东杰随即停手，后退一步。然后徐会中就不再进攻，谦虚地说："范兄承让了。"范东杰马上抱拳施礼说："我习武不精，甘拜下风！"然后跳下台去。

经过几轮交手，盛际英把徐会中的每一个招式都看得清清楚楚。于是，他一跃而起，跳到擂台上。自报了家乡居处和姓名后，两人就动起手来。一连打了二十几个回合也没见输赢。这时，徐会中心想，既然是安徽来的，一定不是等闲之辈。于是他先用了一个泰山压顶，不料盛际英用了一个二郎担山，就轻松解脱。紧接着，徐会中用了一招儿双龙出海，盛际英则来了个犀牛望月，轻松躲过。这时徐会中心中暗想，看来此人武功在我之上，不可能取胜于他。于是收手，抱拳施礼说："壮士好功夫，如果赏脸，我俩交个朋友如何？"这时盛际英也抱拳施礼，谦虚地说："兄长看得起我，是我的荣幸，我求之不得。"

然后，两人互相通报了年庚，相谈甚欢。徐会中年长盛际英一年两个月，于是，际英就称徐会中为兄长。

这时，徐会中和盛际英先后向对方一一介绍了同去的兄弟，他们相处愉快，相互倾心交谈。时至中午，徐会中特意设宴款待了盛际英和范东杰一行。

这次徐州府比武之后，盛际英的声名远扬。回来后还不到一个月，一天午后，家里来了三位客人。他们自称是山东莱州人，特来会见盛际英，想与盛际英交个朋友。盛际英很热情地接待了他们，并与他们共进了晚餐。

第二天上午，按他们的要求，盛际英陪同他们去东河湾观看了梅花桩现场。三位客人连声称："好！好！好！"回来的路上，路过三孔桥，盛际英走在左边，来的三位客人有两位客人走在右边。快到桥中间时，走在中间靠近盛际英的那位朋友突然抢先一步，用力踩向桥面，居然把桥面上的砖踩断一块。盛际英看在眼里暗自心想，这分明是在试探我，而那位朋友又猛地退了回来，佯装受绊，用左肩把盛际英往桥下挤。盛际英急中生智，顺势一倒，在身体掉下桥的一刹那，一只脚尖钩住桥边的砖角，在身子正要接触水面时，来了个蜻蜓点水，一跃跳到桥上，然后笑着说："朋友，你这玩笑开得太大了！"这时这位山东朋友连忙赔礼道："抱歉，抱歉，真是对不起。"盛际英接下来抱拳施礼说："没关系。"三位客人心中暗想，盛际英的武功真是名不虚传。从此，他们往来密切，成了志同道合的好朋友。

　　再说西泇河岸边的花家岗，有一个镖头花健。他从小就投师学习武术，十八般武艺样样过人，后来在山西平遥一家镖局供职。讲起花健花大侠，在平遥一带无人不知无人不晓。

　　这一年春节期间返乡探亲，花健听当地人传说盛际英武功高强、擅长盛家拳，心中不服，于是写了一封便函，邀盛际英正月十六到盛际英的武馆比武。盛际英虽然与花大侠未曾见过面，但也时有耳闻，见到花健派人送来邀请比武的信件，从内心也十分欢迎。

　　附近得知这一消息的百姓，也都纷纷赶来看热闹。上午10时许，花健准时到约。盛际英十分热情地接待了花镖头。寒暄喝茶礼毕之后，盛际英和花镖头比武开始。双方一连打了三十回合没有输赢。这时花镖头停下手来，抱拳施礼道："久闻盛大侠大名，果然名不虚传，我认输了。"这时跟随的人凑在花大侠跟前耳语道："他并没有赢你，你怎么轻易认输了呢？"花大侠回话说："我打出去的拳用的是十二分的力，可盛际英打回来的拳只用了七分的力，说明他让了我，不想伤害于我，你说我不该认输吗？"

时至中午，盛际英挽留花健共进午餐。从此后，两人成了至交好友。

三孔桥旧貌

第九章

清风庙会，结怨庄主

　　在盛家楼北约三公里开外有个清风岭，俗称清明孤堆。奇怪的是在小河中间有一个高出水面几丈有余的土孤堆，具体高出水面多少，也没有人测量过。让很多人感到不解的是，河里怎么会长出一个土孤堆呢？

　　在当地百姓间流传着一个美丽的传说。讲的是山西恒山的陈抟老祖，这一年要到州来国南10公里的四顶山参加庙会，因为要顺便看望一位师友，想送师友一窝小猪作为见面礼。

　　那是在清明节的前夕，正值春暖花开时节，夹河里的水在太阳光的照射下，波光粼粼，显得格外耀眼。陈抟老祖赶着一群小猪行至夹河时，一头小猪迷恋当地的美丽风光，因东张西望掉了队。陈抟老祖随手一鞭打去，打在了小猪的一条腿上，小猪当即掉落在小河中间的水里。也没有人知道后来过了多少年，在小河水的中央慢慢地长出一座像小山一样的土孤堆。

　　在当地人们的记忆里，小河经常泛滥成灾，河里的土孤堆是有灵性的卧龙宝地，河里的水涨土孤堆也长，多少年过去了，再大的水，也没漫过土孤堆。所以，每逢闹水灾河水暴涨，危及当地百姓生命财产安全时，附近老百姓都拖家带着地往岭上搬。村民代代相继，大水从没漫过它。

据传说，有一年的秋天，万物归仓草为垛，四野荒凉、人迹稀少的时节，清风岭上来了一个穿戴整齐的和尚，那和尚在清风岭四周转来转去。在即将离开时，从东北方向来了一个拾粪的老人。两人搭话叙起了家常。临别时，那和尚说："清风岭真是一块仙气十足的卧龙万宝之地。"那拾粪的老者姓石，听和尚这么一说，回村后把那和尚的话说了出去。很快，那和尚的话像长了翅膀似的，在附近几个村子里就传开了。

清风岭附近有九姓人家，最近的是盛台子，盛台子住着盛、宋两姓人家。其次是北面偏东的石集石姓，再其次是东南方向梁家庙的胡姓、傅姓，西边偏南是何姓、高姓、戴姓、姬姓。开始由盛姓、石姓、傅姓、梁姓、胡姓家族长者发起，准备联合凑资在清风岭上兴建庙宇，塑观音菩萨像。后来建功德积善碑时，按说，功德积善碑应依集资多少，分先后排名，但遭到胡姓、傅姓拒绝。原因是清风岭东南有一傅姓是当地富豪，而胡姓有当朝的大官，名叫胡敬德。胡与傅读音相近，也就显得亲。同时，傅姓的几个儿子横行乡里，没有人敢惹，而其他各姓虽然有意见，但敢怒不敢言，因此也就认了。

清风岭共建庙宇48间，分前后大殿和左右耳房，并定于每年农历三月十五至十八日为会期。

清风岭旧貌

据传说，蓬莱山上有个红颜洞，洞内有太阳神的三位太奶奶，曾因助周灭纣有功，姜子牙奉上元天尊之命，册封三位太奶奶为送子娘娘。夫妻婚配之后不生育的，到清风岭庙上烧几炷香，许个愿，乞求神灵保佑，然后抱个细面做的娃娃回家，终日终月放在床上某一位置，必得应验，早生贵子。由此，清风岭可谓仙气回荡，声名远播。每年会期，本地人络绎不绝来赶会的不用说，远在河南、山东等地的百姓，也有很多前来烧香拜佛的、还愿的。每逢会期都是人山人海，风雨不透，热闹非凡。

称清风岭有灵气，还另有一说。有年庙会期间，当地梁台孜村有一富裕人家的媳妇，骑着一头毛驴前来赶会，但到了庙上下不了驴。那驴顺着大庙四周墙根转了一圈又一圈就是不停，那媳妇嘴里不住地唠叨着说："婆婆吃的是剩稀饭，我吃的是面疙瘩打鸡蛋。"如此反复不休，从那以后，凡是平时不孝顺公婆的媳妇，都不敢去赶清风岭庙会了。

盛际英家距清风岭不过五里路远，盛际英小的时候，喜欢热闹，所以常跟在大人屁股后面去赶庙会，长大后，去的机会反倒少了。

这一年的三月十五庙会之前，受几个好友的邀请，加之盛际英自己也想去看热闹，与此同时，还可顺便给神灵上几炷香，乞求平安，所以也准备随大伙一起去赶庙会。

这一天清晨，风和日丽，盛际英心情也格外高兴，早上他起得也特别早，早饭后当他和几个伙伴赶到清风岭时，已有不少赶会的人早到了清风岭。这时，正巧遇上傅庄主的三儿子骑着高头大马也来赶会，随同的几个喽啰高声喝道："来赶会的男女老少都听着，俺家少爷今天心情好，前来给菩萨降香，大家要让出一条道来。"

实事求是地说，由于赶会的人多，怎么可能很快就能让出一条道呢？人们敢怒不敢言，让慢了就免不了要挨鞭子，只能在心里生气，在心里咒骂。

当傅家三少爷好不容易赶到大殿门前时，他见一老妇人和一年轻女子正跪倒在菩萨面前磕头。傅家少爷顿生邪念，他见那少女不过十七八岁，姿色丰润，于是赶忙下了马。母女俩正准备起身时，他上前抓住那姑娘的一只手，另一只手托住那姑娘的脸。老妇人见状，知道来者不善，心里顿生恐惧，慌忙跪倒在傅少爷面前哀求道："不知傅少爷前来降香，冲撞了少爷，请傅少爷大人有大量，如若知道傅少爷来这么早，俺娘儿俩怎么也不敢来，请傅少爷放了俺娘儿俩，来世愿为傅少爷做牛做马……"不管那老妇人怎么哀求，傅少爷都一副若无其事的样子，视而不见，充耳不闻。

说来，也是冤家路窄，也有人说那是天意。这时正赶上盛际英和几个兄弟也来降香，看到这情景，盛际英是怒火中烧，但在同去的几位好友的劝导下，盛际英还是忍住了。盛际英上前劝傅少爷说，你傅少爷也是有头有脸的人，如此在这光天化日之下调戏良家妇女，实在有失风范。盛际英的这些话，傅少爷是丝毫没有听进去。

傅少爷家和盛际英家虽然相距不远，在此之前，傅少爷和盛际英之间多有耳闻，但相互之间并不认识。傅少爷骄横惯了，哪能听进去这些劝导，随手照着盛际英就是一鞭，盛际英用手扯住鞭梢儿，轻轻一拎，傅少爷倒地，四脚朝天。几个随从家丁见此光景，一窝蜂地扑向盛际英，却被盛际英和几个兄弟打得鼻青眼肿，趴在地上喊爹叫娘。这时赶会的人越聚越多，都凑过来看热闹，傅家少爷自感失了面子，无地自容，更是又气又恼。当下，也自感不是人家的对手，心想好汉不吃眼前亏，于是让几个家丁收手，打马回府。

也许有人会问，傅少爷是何许人也？他是傅庄主的三儿子。从小娇生惯养，仰仗家里财大气粗，老子傅庄主又与县太爷李兆洛是割头换颈的兄弟关系，所以他惯常仗势欺人，横行乡里，是万人咒骂的恶棍、好色之徒。

庙会上盛际英羞辱了傅少爷，当地方圆几十里百姓，都认为盛际英捅了马蜂窝，肯定要吃不了兜着走。而让傅少爷烦恼的是，他受了辱，挨了打，却不知道打他的到底是谁。

他回到家里饭吃不下，夜不能寐，想来想去心中咽不下这口气。后来家丁通过四处打听，才得知打他、羞辱他的人是盛家楼的盛际英，是大家口中的盛三爷。但他左思右想，想不出什么好的对付办法，最后他向父亲讲述了事情的经过。

傅庄主听了儿子的诉苦，自然心里也有气，气自己儿子不争气，更气盛际英。他想：打狗也要看主人的面，这方圆近百里谁不知道我傅庄主的大名？我儿子赶会挨打受辱，这让我这张老脸往哪搁？于是他也越想越气，最后父子俩经过商量，写了一份状纸，决定去县衙让县太爷李兆洛为他们报仇，出这口恶气。

李兆洛是江苏常州人，虽然相貌平平，但智慧过人。嘉庆十年参加殿试，被列为第一名，众人皆认为该科状元非李兆洛莫属，谁知最后竟被列为第五。即将到手的"状元"花落别家，最后被派到凤台县当了县太老爷。当时，寿凤一带百姓有一种说法："翰林任知县，屈死大老爷。"

李兆洛到凤台后，新官上任，也想为百姓尽尽心，好好干一番事业。当时凤台水灾、旱灾频发，当地百姓的生产生活常受到影响。为了治理水患，他曾经到董丰湖、焦岗湖一带调研，带领百姓修坝筑堤，也多次到当地几姓大户人家拜访"护身符"，寻求支持。俗话说，金无足赤，人无完人。李兆洛刚愎自用，有先听为主的缺点。这样往往在有恶人先告状的时候，他就会自觉不自觉地充当了恶势力的保护伞。

且说傅家父子状告盛际英殴打良民，扰乱社会治安。李兆洛反复思考，从字面上讲，虽然觉得字字句句有理，但也定不了什么罪。第二天他派遣捕快带盛际英上堂对质受审。上午约9时许，李兆洛升堂，盛际英随同捕快上堂。

李兆洛把惊堂木一拍，气势汹汹地厉声问道："盛际英！你知道今天为什么叫你来吗？"

盛际英随口答道："不知道。"

接着李兆洛又说："傅家三少爷状告你无故打人，扰乱社会治安，你知罪吗？"

这样一说，盛际英心里就明白了。他十分从容而又淡定地说："县大老爷，那你调查了吗？明明是傅家

73

三少爷仗势欺人，调戏良家少女，我伸张正义，打抱不平，错在哪里？而且，是他先动手打我，难道说不准我自卫还击了吗？"

一席话问得李兆洛哑口无言，心里后悔自己的唐突与莽撞，暗暗地责备傅家父子不能帮忙只会添乱。因为他心里明白，在场的人很多，这无疑会让自己的为官之道受到质疑。

当时，李兆洛心里想，今天的案子如何结呢？正在踌躇不定时，师爷走近李兆洛一番耳语，然后李兆洛当即宣布，这件事你们公说公有理，婆说婆有理，待我调查之后择日再审。说着，把手中的惊堂木一拍，说道："现在退堂。"其实，李兆洛如此审案，不止这一次。

在此之前，傅家三少爷与人发生争执，也用不着去衙门，靠身边一伙人就摆平了。因为穷百姓惹不起他，只想大事化小，小事化了，情愿吃亏，哪敢激怒傅家三少爷？如果把案子送到县衙，也不允你说话申辩，其结果只能是屈打成招。正如俗话所说，哪庙没有屈死的鬼呢？

傅家三少爷得意惯了，哪知这次遇到的对手是盛际英，没占到便宜又丢了丑，这也许是他有生以来的第一次。

再说县太爷李兆洛，这次审案子没能顺利地审下去，也自感没面子。下堂后把傅家父子传到客厅里，严厉地训了一顿，也算是多少出了心中的一口闷气。

从此，盛际英与傅家结了冤仇，但仗义执言、无视权贵、敢于护民的事迹也传遍乡里，深得方圆几十里百姓的一致赞许。

傅家父子因为骄横惯了，从未受过这样的气，所以一计不成，又施一计。回到家后，仍然吃不好、睡不好，日思夜想，又想出一个损招儿，即把傅姓家族有头有脸、在社会上多少有些威望的老少爷们儿都招到他家，商量对策。

客厅里烟雾缭绕，三少爷向家族父老介绍了那天在清风岭赶会与盛际英发生争斗的情况后，大伙儿个个是麻虾炒豆芽，弯腰的弯腰，勾头的勾头，都装鳖不说话。因为大伙儿在没听三少爷介绍情况之前，对当天的情况，也都略有耳闻。因此，心中无不早已有数，只是碍于面子，都不想把事情的来龙去脉挑明说穿。

这时，家族的一个长辈开了腔。他说："这件事我看就算了吧，因为那天赶会的人多，事情的曲直都在人家的心里头，屎窝子不掀不臭。再说，兔子都不吃窝边草呢，而你呢？你调戏的那姑娘家离我们这最多不过四里路，如果这样折腾下去，对你家没有好处，对我们整个傅姓家族也没有好处，如果闹过头了必然会对我们不利。"紧接着另一长者说："君子报仇，十年不晚，即使你这一方有理，也是先忍一忍为好。"就这样，大家七嘴八舌地议论着，然后不欢而散。

李兆洛当天审案休庭时说："此案择日再审。"然而，打那天之后，盛际英回到家后一直等了半个月有余，也没见官府有什么动静。

第十章

好人相助，躲过一劫

　　傅家父子打官司告状，凡经李兆洛手的就没有输过，这次状告盛际英落得如此下场，傅家父子心里十分恼火。不仅埋怨李兆洛没有用心帮忙，更气盛际英，把盛际英看成是眼中钉、肉中刺，甚至非要置盛际英于死地不可。

　　这一天晚饭后，三少爷见父亲闷闷不乐，一人在客厅里喝茶，于是向父亲说道："我有一个朋友叫宋立军，他认识一个叫周清的人，这人刚从山东学武回来，不仅有一身好功夫，而且能说会道又见多识广，定能帮助我们除掉盛际英，解心头之恨。"父亲听儿子这么一说，顿时感到眼前一亮，忙吩咐儿子说："那就让你的朋友宋立军请周清过来，让我见一下，也好跟他叙叙话。"

　　于是，第二天上午，三少爷按照父亲的吩咐找到了宋立军，两人商量一番后又找到了周清，三人一同赶到了傅家。傅庄主一见周清人高马大，两眼炯炯有神，一看就像是个有功夫的人，不觉满心欢喜。他亲自把周清接到客厅里，又让儿子给周清沏了一杯上等的好茶，送到周清面前。这时周清似乎有些受宠若惊，连连拱手道谢，然后几个人就天南海北地叙了起来。

　　本来，傅庄主对周清不了解，而周清对傅庄主倒是有些耳闻。因为傅庄主在当地不仅有钱有势，而且又因与官府有关系，称霸一方。周清有心想投靠在傅庄主门下，但苦于无人能牵线搭桥。这次三少爷主动找上门来，倒是一个求之不得的机会，于是周清与傅庄主叙话，处处显得格外小心。傅庄主对眼前的周清格外喜欢，因此留周清在他们家共进午餐。席间，周清斟了满满一杯酒走到傅庄主面前，双腿跪倒在傅庄主面前，然后激动地说："如果你不嫌弃，我周清就认你做干爹，我这杯酒是敬干爹你的！"傅庄主听周清这么一说，虽然心里感到有些唐突，但也满心欢喜。于是，双手把周清拉了起来，然后接过周清手中的那杯酒，一仰脖子给喝了。从此，周清对傅庄主是马首为瞻，言听计从。

　　饭后叙话间，傅庄主开门见山地对周清说："既然你认我为干爹，那你就不是外人，我问你，你认识盛际英这个人吗？"周清说："我不认识，但对他的情况我略有耳闻。"接着傅庄主又说："盛际英跟我有仇，你虽然有一身功夫，但也不一定是他的对手。我想，你一身功夫是在山东学的，人们都说山东出响马，武林高手多，我出1000两银子，让你去山东请几个武功高手教训一下盛际英。不把他搞死也要让他变残，叫他从今以后不敢跟我作对，永远不能抛头露面地逞强！"这时，周清不假思索地说："这事不难，我的师傅就是武林中的高手，我的同门师兄弟少说也有二十几个。"傅庄主听周清这么一说，觉得获得胜算的概率很大，因此心中格外高兴。

他们的叙话，表面上情投意合，十分融洽，但内心是各有各的盘算。对于傅庄主的话，周清似乎有些为难，但也不好说出口。一是因为他虽然不认识盛际英，但听朋友说过，盛际英不光武功好而且也是个正人君子；二是他深知自己的师傅武功虽然好，但并不随意乱用，特别是歪门邪道的事给再多的钱他都不会干。这对周清来说，的确是件难事。

这时，周清心中正在暗自盘算，而傅庄主似乎想起了什么，忙问周清说："山东来的人与盛际英并不相识，无缘无故怎么能让他们接触？又怎么发生矛盾纠纷打起来呢？"周清由于一心想投靠傅庄主，而且还有1000两银子的酬劳作为见面礼，于是爽快地说："这事我来安排。"然后，就把自己的想法如此这般地对傅庄主耳语了一番，傅庄主听了心里倒还满意。

　　周清按照傅庄主的吩咐，第二天就带了一个帮手，马不停蹄地去了山东。找到了他的师傅高献军。高献军是干什么的？高献军凭一身的武功给人家做保镖挣钱吃饭，因为为人正派、信誉好，请他的人也多，也能挣不少钱。

　　周清见了他的师傅高献军，说明了来意。高献军凭过去对周清的了解，并不完全听信周清的话，但因自己就是干这一行当的，也不好拒绝。于是，他收了周清的1000两银子，也答应了周清的要求。随后从人手中挑选了6位武功高手，准备第二天上午跟周清去寿州下蔡。

　　当日晚上，高献军又把准备去执行任务的6个人召集到一块儿，另外做了一些特殊交代。殊不知，盛际英在徐州比武时认识的徐会中与高献军是同门师兄弟，又是经常往来的好朋友。徐会中得知傅庄主动意谋害盛际英的情况后，随即告诉了高献军。

　　第二天，他们6人按照师傅高献军的吩咐，随同周清到傅庄主家后，一日三餐接受傅庄主的款待。利用闲暇时间他们就到周围去转转，讲的是欣赏小河两岸的风光，了解一下当地的风土人情，实际上是了解盛际英为人处世的实情。同时，也了解了傅庄主。

这一天是七月二十日，刚吃过早饭，周清让人给盛际英送去一封书信，信中的内容是周清编的。盛际英展开一看，信件是自称山东的一位朋友托人送的。信上说："曾听你说，你家人口多，想要两块磨盘，本月二十六日上午，我派人从水路给你送去。"最后特别嘱咐，请盛际英一定亲自去接收。

盛际英看过信后，百思不得其解。因为他的确和朋友讲过，家里人口多，需要添置两个磨盘，但并没有让山东哪位朋友托人送来。心想：这里面是否有诈？但事情到了这个地步，也无法回避，因此，他决定到二十六日那一天，亲自去接收，也顺便可以探个究竟。

七月二十六日这一天很快到了。早饭后，他穿戴简单，打扮得像是家里的长工，然后拉着两头牛，在离码头有一段距离的河边等候。9点多钟，只见从河对岸开过来一条船，船头上放着两个磨盘。说来也的确守信，约10时许，大船准时开了过来，停在离村子不远的河边简易码头上。

送磨盘的人并不认识盛际英，眼望岸边无人，而几十米以外的草坪上，只见有一个放牛的，少说也有三十

出头。盛际英心知肚明，见河边来了船，心想定是山东
送磨盘的人，于是他不慌不忙地向河边走去，向那船上
的人喊道："敢问船上的朋友是不是给盛际英家送磨盘
的？"船上的人马上回话说："是的！"接着又说：
"请问放牛的小哥，盛际英是不是就住在这庄？"盛际
英从容答道："是的，盛际英就住在这庄，我是他家放
牛的伙计。""那你能不能回去告诉盛际英，就说山东
的朋友给他送磨盘来了，请他拉车把磨盘运回家？"这时
盛际英十分谦逊地说："这事东家有交代，早上他因有急
事告诉我说，让我在此等候你们。这样吧，你们把那两个
磨盘扔下来，我先带回家，然后让东家来接你们。"

　　这时盛际英走到了靠近河边的码头，很有礼貌地
说："请你们几位师傅把磨盘扔下来吧！"船上的几位武
夫心想：好大的口气！这个家伙真是活腻了，砸死你对傅
家也算是个交代。于是四个人抬着磨盘照盛际英砸来。盛
际英一手拉牛，一伸另一只胳膊，把磨盘挟住了。然后盛
际英又说："那一块磨盘也扔下来吧，我一起带回去。"
船上的人见盛际英用一只胳膊挟住一块磨盘，面面相
觑。几个武夫只能硬着头皮抬起另一块磨盘又照着盛际
英砸来，盛际英一伸另一只胳膊又挟住了。这样，他一

只胳膊挟一个，手里还拉着两头牛。然后，盛际英微笑着说："几位师傅，请你们在此稍候，我先回家，如果东家回来了，就让东家来接你们。"说着，转身走了。

盛际英走后，船上的几个武夫心想：盛际英家放牛的武功都如此了得，看来那盛际英必定是个武功高手。于是拔锚扬帆起航，直向对岸驶去。

几个月的时间过去了，让盛际英百思不得其解的是，送磨盘的人是谁？与他是否有什么冤仇？后来答案终于有了。这一天下午，太阳快要落山的时候，一位远房亲戚带来一位朋友，盛际英把他们请到客厅坐定之后，那位亲戚把朋友的情况作了介绍。原来亲戚的那位朋友来自山东，久闻盛际英大名，是想送儿子拜盛际英为师学武功的。当讲到山东给他送磨盘的那件事时，亲戚的那位朋友说："我与给你家送磨盘的那帮人虽然相识，但并不是太熟。通过别人介绍得知，给你家送磨盘的那帮人是通过一个叫周清的雇来的。船上出面的只有四人，实际上船舱内还有两个武功很高的人，想借送磨盘之际除掉你。"这时，盛际英才恍然大悟。可是，与傅家的恩怨他清楚，至于这个周清是何许人也，他却一点儿不知。从那以后，这就成了盛际英的一块心病。

再说傅庄主，本想让周清出面请高手，借刀杀人，神不知鬼不觉地除掉盛际英，谁知事情糟到这个地步。这一天，他让儿子把周清找来，严厉地一顿训斥后，严肃地对周清说："事情没办成也就算了，但你送去的1000两银子需要你再带着宋立军去要回来。"周清当时感到十分为难，一边是干爹，一边是师傅，谁也得罪不起。但迫于干爹的压力，他还是硬着头皮带着宋立军去了山东。见了师傅，说明来意后，他遭到了师傅的一顿训斥。师傅说："你难道不懂得我们这行当的规矩吗？不是我不给你办事，而是你提供的是虚假信息，你回去转告你干爹，如果想要回这1000两银子，我就先去衙门告他。"

周清回来将这些话向干爹一讲，傅庄主更是气恼，一连多少天都卧床不起。傅庄主本想借刀杀人，结果不仅未能如愿以偿，还受到了羞辱，真是偷鸡不成，又蚀了一把米，打掉牙齿只能往肚里吞。

第十一章

痛打周清，惹恼县爷

俗话说，"好事成双，祸不单行"，真是"烂眼肯招灰"。这年秋天，正值粮食归仓草归垛的时节，也是官府征税纳粮的时节。由于地方穷，地力薄，老百姓种几亩地也收不了多少粮食。所以，每到这个季节，官府收粮难，老百姓更为难，征税纳粮也就成了县太爷头疼的一件事。但是，因为职责所在，该收的官粮不能不收，该征的官税也不能不征。

这一年，在这项工作开始之前，李兆洛与傅庄主喝酒，谈及收官粮纳官税难处时，傅庄主慢条斯理地说："今年我给你推荐一个人，保证让你开展这项工作能顺心顺意。这个人叫周清，本来是我儿子的朋友，现在是我的干儿子。"按说，上次让周清到山东请高手来除掉盛际英的事，周清办得并不如意，但傅庄主为什么还在李兆洛面前推荐周清呢？因为在傅庄主看来，在那件事情上周清也尽力了。再说，现在与周清的关系重于一般关系，用周清总比用别人好。一提起周清，李兆洛一怔，这让他想起一年前曾有人讲过这个人，说这个人武功好，但爱做下三滥的事。这个人到底怎么样，对李兆洛来说，也是个谜。

当下傅庄主推荐他到衙门班子里当捕快，参与秋季收税、收粮事务。这时李兆洛心里还真想见见这个人。傅庄主看出李兆洛的心思，忙说："周清这人我已带来，你要不要认识认识？"李兆洛忙说："好，让我见见。"傅庄主出去片刻，把周清带了进来。原来傅庄主早有预谋，让周清在外面等候。周清见了李兆洛，慌忙跪拜施礼，口里不住地恭维李兆洛，然后恭敬地站立一旁。

周清是凤台西淝河村的人，本来也是个出了名的混混。他到山东投靠一个有名的师傅，学了一身武功，靠一帮吃五喝六的兄弟横行乡里，欺男霸女。傅家三少爷遇到什么难事，都离不开他去帮忙，因此他与傅家来往十分密切，当下又是傅庄主的干儿子，关系便更进了一步。

傅庄主过去也曾多次在李兆洛面前提起过周清，推荐周清到县衙谋个一官半职。但李兆洛因听百姓传言，对周清的印象不好。这一次碍于傅庄主一次又一次地说情，对周清的看法也多少有了些微妙的变化。

这一天，傅庄主又一次带周清到了县衙，傅庄主出面请李兆洛到了一家酒馆里。先是喝茶聊天儿，中午喝酒时，周清也少不了向李兆洛和干爹敬酒，恭维寒暄。李兆洛也是知书达理之人，出于义愤，毫不留情地当面指责周清过去不务正业，做过一些见不得人的丑事、坏事。因为李兆洛讲的句句属实，周清自感羞愧，甚至把头低到肩下，嘴里还连声说："是！是！是！"表示今后要听从李大人教诲，改邪归正，好好做人。傅庄主接不上腔，也不好插话，只能顾着自己喝酒吃菜。

从那以后，周清有事无事都随同傅庄主到李兆洛那喝酒聊天儿。日子久了，关系也就慢慢地密切了，周清甚至把李兆洛看得比自己亲老子还要亲。在李兆洛想来，金无足赤，人无完人。是人都会有犯错的时候，既然能改邪归正，就是个人才，何不用他为老百姓做点儿好事呢？

这一天，虽然天气晴朗，但李兆洛的心情十分沉重，因为收公粮的季节到了。提起收公粮，李兆洛很头疼，这几年都因为没有一个能办事的人独当一面，闹出一些笑话，在社会上也常有一些不好的反响。今年怎么办？正在这个节骨眼上，周清走进了他的脑海里。

为了接受去年的教训，李兆洛让师爷筹备，成立了一个收粮纳税的班子。为此，让傅庄主通知周清到县衙来，他让周清当下乡收粮、收钱的小头头儿。李兆洛虽然用周清，但也怕周清带人下乡收粮收钱出现差错，因此，也特别对周清作了一番方法和言语交代，提出了一些具体的要求。

　　能得到县太爷的重用，周清当然十分高兴，对李兆洛的要求无不一一应承。因为，这一天是他梦寐以求，等了很久的一天。周清觉得有了出头的日子，内心的高兴之情溢于言表，不仅感激干老子傅庄主的推荐，更感谢县太爷李兆洛的重用。从此，周清是胡萝卜戴草帽，成了李兆洛身边的红人。

　　清乾隆四十七年秋的一天，秋高气爽，按照李兆洛的吩咐，周清带上几个捕快，奉命到乡下纳税征粮。虽然有些农户对周清有看法，但认为当下周清的身份变了，他代表的是官府里的官爷，收的是官税官粮，同时，也迫于周清的威严，老百姓是捏着鼻子吃葱，敢怒不敢言，只能在背后偷偷议论。所以，第一天的征款收粮工作，开展得基本上是顺利的，也是有成效的。李兆洛得知情况下，也满心欢喜。

　　第二天，收到了周清所在的村。俗话说得好，新光棍怕的是老邻居。周清是什么人，过去曾做过什么，本村百姓是一清二楚。所以周清在收粮的过程中，也受了一些教训，他尽心把李兆洛交代的话句句放在心上，虽然多少也与村民发生了一些言语上的冲突，但总体上还是顺利的。

第三天，收到了三孔桥北盛际英所在的酒坊村，村子最西头住的是一户李姓人家，当家的生病卧床不起。老妇人向周清等人述说情况，并苦苦哀求，要求宽限几天，等当家的病愈后筹备一下，再如数上交。但周清等一帮人，哪能听进去这些话？认为是老妇人有意推托。于是，几个如狼似虎的打手跑到屋里，翻箱倒柜，把老妇人家里仅有的一笸斗黄豆抬了出来，还恶狠狠地骂道："有粮不交，这分明是对抗官府！"老妇人见状，心疼地上前阻拦，并哀求着说："几位官爷，这是俺家仅有的救命粮，吃的不说，看病都不够用。"她一边说着，一边跪在地上，请求几位官爷高抬贵手，还如小鸡啄米似的给几个官爷磕起了头！

真是狗永远也改不了吃屎的本性，周清认为老妇人是无理纠缠。所以，他心里早就不耐烦了，不仅不同情，竟然还动手打了老妇人两巴掌，老妇人当场昏了过去……

这消息传到了盛际英耳朵里，当时盛际英在家里正与一位客人叙话，一听说周清收粮时打人，心里马上就上了火，因为周清也是他想见的一个人。于是当即披上衣服赶到了现场，见老妇人躺在地上，顿生怜悯之心，于是就去与周清一伙人理论。当时，周清也正在气头上，当然也没有好话，两人就顶上了，都越说越来气，越说越上火。

其实，盛际英和周清相互之间都有所耳闻，但彼此并不认识。通过山东所谓朋友送磨盘的事，盛际英算是知道了这个人，而周清对盛际英也只是听说，见了面也并不认识。这时盛际英怒气不打一处来，双方越讲话越多，越讲越来气，周围看热闹的人也越来越多。这时与周清同去的人从群众口中得知，与周清顶撞的人是盛际英。因为怕闹出事来，于是上前把周清拉在一边耳语一番，而周清正在气头上，所以不以为意，认为自己干的是官事，而盛际英是狗咬耗子多管闲事，是抗税。他大声说："今天就是天王老子我也要碰一碰！"于是走向前去，挥拳向盛际英的前额打去。盛际英把头一偏，周清的拳落了空，紧接着周清又是一拳向盛际英的前胸打去，这时盛际英一闪身顺手一拉，周清栽个嘴啃地，像是狗吃屎的样子，引起周围看热闹的人哄堂大笑。这时周清感到丢了面子而恼羞成怒，还想还手时，同去的几个打手拉住了他。周清也意识到，盛际英的确有些真武功，自感不是对手。心想好汉不吃眼前亏，于是从地上爬起来，一挥手，示意那几个小喽啰收兵，打道回府。

父亲盛以成知道情况后，把际英叫到跟前，语重心长地告诉际英说："际英啊，你的性子要改一改，自古以来，与官府斗，都不会有好下场。想整你，就有理由，也就有办法，只是时间问题……"

再说周清本来像是个"无娘"的孩子，过的是流浪生活，经傅庄主介绍，现在投靠在县太爷李兆洛门下，又当上了衙门里的收粮官，受这么大的气，岂能咽得下去？

于是，周清一回到县衙，就跑到李兆洛面前告状，告盛际英干扰收粮纳税。这在当时可是一桩大罪。李兆洛一听，也非常气愤，因为是盛际英，他心里更是格外恼火。心想：等这几天过去，就让周清找几个身手好武艺强的捕快，缉拿盛际英归案接受审判。正在这当儿，师爷王迪忠走近李兆洛耳语道："说盛际英干扰收税，有凭据吗？听说是周清先动手打的人，在场的人很多，公理自在人们的心中。如果因此给盛际英定罪，恐怕百姓心里不服。那么，老爷的声誉何在？"

其实李兆洛当时讲的也是气话，听师爷这样一说，也感到有几分道理。心想：看来凡是牵涉到老百姓的事，真的需要格外慎重为好。但他因心里有气没地方出，于是把周清等人臭骂了一通，而心里想：盛际英，盛际英，你跟我作对，迟早落在我手里，我决不会轻饶你！由此可见，盛际英不仅与周清结了怨，也惹恼了县太爷李兆洛。

第十二章

武艺出众，受聘镖局

盛际英的盛家拳出名之后，不少外地武术爱好者前来请教，盛际英结交了很多武林界的朋友和英雄好汉，自己也因此出了名。

俗话说，人怕出名，猪怕壮。清乾隆四十八年（1783年）的一天上午，天气晴朗，东方的日头火红火红的，刚吃过早饭，武馆便来了一位陌生的客人。这位客人与盛际英见面抱拳施礼，寒暄过后自我介绍说是寿州城刘锦镖局的大管家，姓陈名彪，并介绍与他同来的是镖局的伙计。盛际英一听是刘锦镖局的两位客人，忙施一礼，把二人让到客厅坐定之后，给二位客人送上热茶。

这时，自称是大管家的陈彪开口谦虚地说："久闻盛三爷大名，只是未曾谋面，今日一见，果然是气质非凡。"接着他又说："我受镖局大当家刘锦的派遣，特来请盛三爷到我镖局当镖师。"

对于这突如其来的邀请，盛际英因没有一点儿思想准备，不知怎么回答是好。于是便谦虚地说："我是习武不精，徒有虚名，难得你家大当家的抬举厚爱，实感惭愧。"紧接着，盛际英又说："只是你所言之事，责任重大，我自己做不了主，尚需与家父和兄弟们商量之后才能回复。"陈彪听盛际英这么一说，从内心觉得有些道理，认为盛际英真乃仁义之人，打心里佩服。于是说："盛三爷言之有理，我回去如实禀告大当家的，静候佳音。"说着起身准备要走，盛际英虽然再三挽留，双方还是抱拳施礼告别了。

且说刘锦镖局大管家走后，盛际英尽快处理完武馆当天的事务后，就匆忙回家见了父亲，把寿州刘锦镖局来人所谈之事详细地说了一遍。盛以成心想：如今盛际英已经成家了，也该立业了。但退一步说，他觉得这事不仅涉及武馆，同时也涉及全家，非同小可。当即告诉际英，这件事需与你兄弟几个商量一下，定酌之后才能给人家回话。

到了第二天，刚吃过午饭后，盛以成就把几个儿子召集到一块儿，把寿州城刘锦镖局想聘请际英当镖师的事讲述一遍，权衡分析了利弊等因果关系，然后让几个儿子各抒己见。盛际龙先开口说："我赞同，支持。"紧接着，盛际元等兄弟也都各自讲述了自己的看法。意见比较集中，一致表示赞同和支持。认为际英到刘锦镖局后，因寿州、凤台相距不远，也可经常回来到武术馆看看。所以，父子几个思考再三，都一致表示赞同际英到寿州刘锦的镖局担任镖师。

第二天上午，盛际英赶到武馆，召集几个武师开了个小会，公布了准备去寿州城刘锦的镖局任镖师的消息。同时，他对武馆的工作作了一番交代和安排，语重心长地说："我走后，武馆的事由二哥际元办理，希望大家精诚团结，相互之间要多尊重、多理解、多宽容，共同把武馆的事办好。"第三天上午，盛际英就动身去了寿州刘锦镖局。

到了刘锦镖局已是上午10时许，护门的家丁立马通报了大管家陈彪。陈彪一听，心里高兴，觉得盛际英如此信守承诺，定是诚实可信之人。于是他立即放下手中的活计，立马赶到大门口去迎接盛际英。

二人见面相互寒暄问候之后，陈彪前面带路，领着盛际英去见了大当家刘锦。当时，大当家的刘锦正和一位客人谈事，见管家陈彪带人进来，只见此人身材魁梧，浓眉大眼，炯炯有神，认为可能就是人们说的盛际英，不由心中暗喜。经大管家陈彪介绍，不出所料，相互问候之后，大当家刘锦把盛际英让到大厅上座，并吩咐大管家陈彪给盛际英看茶。这可是刘锦镖局招待客人最高规格的礼遇。然后他又吩咐大管家陈彪说："中午准备几个可口的下酒菜，我要为盛三爷接风干几杯……"

　　中午款待盛际英，有大当家刘锦和大管家陈彪等人作陪。酒过三巡之后，大当家刘锦斟了满满的一杯酒，走到盛际英面前说："久仰盛三爷大名，今日幸得一聚，这杯酒我敬你。"盛际英似乎有点儿受宠若惊，立马站起身来，也满满地斟了一杯酒，走到大当家刘锦面前说："际英我无才，承蒙大当家的厚爱，这一杯酒是我敬你的。"说着，一仰脖子把酒给喝了。这样你来我往，持续了一个时辰。结束时，大当家刘锦对盛际英说："给你三天时间休息，第四天即到议事厅来上工。"

　　三天过后，第四天盛际英吃过早餐后，就立马赶到议事厅去见大当家刘锦。这一天天气晴朗，大当家刘锦把大家都召集到了议事厅。坐定之后，大当家刘锦开门见山地说："今天聚会有一事要与大家商量，官府要求我们近日出一趟镖，并且强调说，这趟镖是官府的镖，非同小可。本来我不想接，因为人情难违，我才勉强同意接的这趟镖。这趟镖是去河南商丘的，说是为了镇压叛匪的军需物资，关系到百姓的安危。"接着他又说："大家知道，当前叛匪猖獗，谁能去押这趟镖？我想听听大家的意见。"

　　这时会场一片寂静，静到好像掉下一根针都能听到响声。接下来镖师们先后都发了言，大家一致认为，既然这趟镖关系到老百姓的切身利益，那么说什么都应该接。大当家刘锦接着说："既然如此，你们几个谁去押这趟镖呢？"几个镖师你看看我，我看看你，谁都没说话。在大当家的一再催促下，最后几乎异口同声地说："既然这趟镖重要，还是让盛三爷去押这趟镖合适，原因不用多说，因为他的武功比我们几个都好。"这时盛际英起身说："感谢大家对我的厚爱，我是武艺不精，徒有虚名。而且又是初来乍到，还是其他师兄、师弟出马为好。"

大当家的刘锦一边喝茶，一边用耳听，其实他心中早就有了数。听其他几位镖师提到盛际英，于是便站起身来，慢条斯理地说："刚才你们提到盛际英正合我意，但因际英初来乍到，还不太熟悉这一行当的规矩，我的想法是从你们几个人中挑选1到2个跟随他一起去。"话音刚落，大家一致推荐让师爷李道明与盛际英同去。

李道明在他们中间排行第五，人们都称他为五爷。五爷在与人打交道方面可是一等的高手，所以大家认为由他与盛际英同去一定不会有问题。

最后，大当家的刘锦当着大家的面拍板说："我赞同大家的意见，就这样定了。"接着又再三嘱咐盛际英和五爷说："这次押镖一定要做到万无一失。"

接下来，他们做了一些准备工作。第四天一早，盛际英和五爷便启程上路了。所运之物是什么？无人知晓，一共装了整整四大马车。他们带着镖号，车上插着镖旗，五爷走在队伍的最前头，遇到拦路的盗匪好先与之说话交涉。际英穿戴整齐又利索，腰间斜插着九节钢鞭，手执一杆长矛殿后。其他几个同去的兄弟，都各执兵刃刀枪，守护在镖车左右，一路浩浩荡荡，好不威风。

这是盛际英第一次押镖，他心里多少有些紧张，他们一路前行，眼看四面，耳听八方。他心想：大当家的看重于我，其他兄弟们拥戴于我，我一定不能让大当家的和几个兄弟失望，一定不能给镖局丢脸。

当镖车车队走了80多里，即将到驻马店时，看到官道上横摆着荆棘条子。这时五爷走到盛际英身边小声说："这就意味着有人想劫镖。"盛际英听师爷这样一说，心中就有了数，也就格外注意观察周围的动静。

正在这时，路边小树林里走出两个壮汉，五爷忙上前与之搭话。他们说了什么，盛际英并没有听得十分清楚。他虽然过去没有押过镖，但押镖的一些行当话，他也从其他几位兄弟那得知一二了。于是也凑上前去，谦虚而又礼貌地说道："兄弟，你们俩叙得很投机，还没见到人怎么就攀上了亲戚？"对方马上也很有礼貌地说："彼此一家。"双方寒暄一番后，握手言欢。这时，劫镖的一个头头儿把际英拉到一边耳语一番。他告诉盛际英说，他们是受周清的指使才来劫镖的。际英一听，心里也就明白了。然后镖局车队得以继续前行，最后顺利地把货物送到了目的地，并且还得到了货主的奖励。

盛际英第二次押镖，是在清乾隆四十九年（1794年）的秋天，送镖的目的地是怀远河流北50里地的一家商埠。虽然路途不是很远，但途中要经过沿淮十八岗。当地有一种说法，"沿淮十八岗，岗岗有匪，匪匪有枪"，正因为盗匪猖獗，一般镖局都不愿接或者说不敢接这一路的镖。他们镖局的车队，从寿州城北门出发，已经走了近两个小时了。

当车队即将行至岗胡湾时，一群盗匪突然从高粱地里蹿出，拦住车队去路。五爷忙上前喊话，盗匪不听劝告，盛际英上前用行话与对方打招呼，对方也不予理睬。盛际英心想：看来这帮人并非是盗匪，可能是地方上打家劫舍的土痞子，所以他们不懂行当规矩，看来非得教训他们一下不可。说着，从腰间抽出九节钢鞭，照着其中一人就是一鞭。这一鞭盛际英并没有用力，那人躲闪不及，大腿上便挨了一鞭，只听哎哟一声倒在了地上，其余的几个见状吓傻了眼。这时盛际英对着他们说："告诉你们，你们挨了，也让你们挨个明白，我就是河对岸盛家楼的盛际英，盛三爷就是我。"

几个痞子对于盛际英这个名字并不熟悉，但对于盛三爷这个名字倒是耳熟能详，只知道盛三爷武功了得，但却未能见过面。这时一听说是盛三爷到此，马上俯身跪拜，头在地上像是小鸡啄米似的叩个不停。口中还不停地说："真是大水淹了龙王庙，一家人认不了一家人。"原来这几个痞子就是岗胡家本地人。

这时际英上前，用手把他们一个个扶起，很礼貌地说："你们岗胡家与我盛家楼虽然只隔着一条夹河，但因为过去我们未打过交道，也未曾谋过面，所以，也就难怪大家互相都不认识。"

盛际英的举动，让他们从内心既佩服又感动，后来他们向际英说了实话，说他们不是来劫镖的，而是胡家庙的傅少爷花了银子指使他们，让他们来给盛际英的押镖之行添乱的，以此破坏盛际英的信誉。然后，盛际英与他们抱拳施礼道别，镖局车队继续前行赶路。

第十三章

大哥开店，平地风波

1784年一个春天的晚上，际龙向父母请安时提出一个问题。他说："际英去了寿州刘锦镖局，武馆的事由老二照应着，家里的几百亩地有际雄和几个长工照应着。俗话说，无商不富，所以我想到寿州城里租几间房子，开个日杂百货店，做点生意。"盛以成一听，细细想想也觉得有理，但当时并没有立刻答应他。盛以成心里盘算着：这事非同小可，需要认真思考，做一些考察。然后，决定父子几个在一起商量一下再做定酌。

这一天是端午节，一家老小都聚在了一起，过了一个欢乐节。酒足饭饱之后，盛以成把几个儿子叫到厅屋，个个坐定之后，盛以成把际龙的想法说了出来，然后让几个儿子各抒己见。经过一番讨论之后，大家一致表示赞同际龙到寿州城里开店做生意。

在当年农历十月初，天气渐凉，因为家里农活基本结束了，便留际雄在家操持家务，让际元协助际龙到寿州城筹备办店事宜。经过策划张罗之后，际元到寿州城闹市区租了四间门面房子，招了两个伙计，一切准备就绪，只待选一个吉利日子，就准备开张了。

开业定在当月十六，从历法上看，是个做生意的吉利日子。

这一天，天气虽然有点儿凉意，但没有一点儿风丝，阳光和煦，让人感到心里温暖。盛际元的店铺正门挂上了大红灯笼，并配挂了一副醒目的对联。上联是：礼谦宜贸无论东南西北；下联是：应时便民当分春夏秋冬。当鞭炮齐鸣时，招来了许多看热闹的人，人群中有男有女，有老人也有孩子。人头涌动，热闹非凡，大家像看办喜事一样，把小店围个水泄不通。就这样，店铺开业了。

对于开店做生意，盛际龙本来是外行的，好在际龙读过书，遇事爱动脑子。为了把生意做好，店里的事他主要让两个伙计打点，他本人一有时间，就到市面上去进行考察，听取街坊邻居的反映后，就对商店的经营策略做一番改进。在此期间，盛际龙学了父亲传给他的骨外科诊疗技术，常忙里偷闲给人家看骨外科的小毛病。他治病不用药也不收钱，所以这消息像是长了翅膀似的，一传十、十传百地传开了，这给他的商店也带来了无限商机。

俗话说，生意做寸地，同行是冤家。在同一条街上，盛际龙的商店与高家店铺相距不过百米，经营的货物品种也基本上差不多，但盛际龙商店占的地理位置较好，加上人际关系好，因此，盛际龙店铺的生意总比高家店铺的生意好。多年的老店铺没有新开业的店铺生意好，你说高家店铺的老板心里怎能服气呢？但高家的店老板又不好将真心话说出口，只能打掉牙齿往肚里吞，干生气。这无形中就引起了高家的嫉恨，高家经常比鸡比狗地谩骂，因此两家经常发生一些言语摩擦。

说起高老板，虽然相貌丑陋，但人忠厚，可谓是个本分人。但其妻子马巧云可不是一般人，不仅年轻漂亮，而且生性风流。因为在娘家当姑娘时，曾与本村的一个光棍汉关系暧昧，名声不好听，所以迫于无奈才嫁给比她大十几岁的高老板。

马巧云，很少有人知道她的这个名字，但一提豆腐西施，人们都知道是她马巧云。在家里，她是里里外外的一把手，说一不二。

马巧云在寿州城里有一个相好的人，姓胡名安。胡安游手好闲，平时靠装神弄鬼，给人家驱邪看病混饭吃，所以人们送他一个外号——胡大仙。

胡安能说会道，无论办什么事，都是狗掀门帘子，全凭一张嘴。他手下也有一帮狐朋狗友，经常做一些强买强卖、欺男霸女的丑恶勾当，在寿州城内是臭名远扬。

其实，胡安本应姓尹，是江苏人，父亲早年病故，当时胡安只有三岁，后来经人介绍，母亲尹氏改嫁到寿州城里一个姓胡的生意人家。尹氏听说李兆洛是凤台县令，如今又兼署理寿州事，于是就带着胡安找到李兆洛，认成了亲戚。据知情人士讲，胡安的母亲是李兆洛远门的表姑，按辈分讲，李兆洛应是胡安的大表哥。从此以后，胡安更是趾高气扬，知道内情的人谁都不敢轻易得罪他。

前面已经讲到，马巧云开店不景气，把责任归结到盛际龙身上。于是马巧云找到胡安，当时胡安安慰"西施"说，这事非同小可，同样的生意人家也能做，有什么理由不让人家做呢？再说，整倒盛际龙容易，可他有个弟弟盛际英，因为武功好，现在被刘锦镖局聘为镖师。"据说，这盛际英可不好惹，等明天晚上找汤宪来一起商量一下，看他有没有什么好办法"。

汤宪是谁？汤宪是胡安和马巧云的铁杆子好友，人称小诸葛，点子多，下三滥的办法也多。据外人传说，他们三人是无话不说的好朋友，不管谁家遇到麻烦事，他们三人都会聚在一起商量对策。

于是，第二天晚上，他们三个聚在了胡安家。胡安说："想要搞垮盛际龙的店铺，首先要在盛际英头上开刀，先整垮盛际英。"这时汤宪在手心里写了一个字——闹。胡安看了后沉思片刻，心领神会，也觉得有理。因为一闹，让盛际龙店铺不能正常营业，到那时盛际英就会出面，再从盛际英身上打开缺口。把盛际英整垮，让他离开寿州城刘锦镖局，到那时盛际龙没有靠山，他开的店铺自然就会垮。这叫打蛇打七寸，于是三人一拍即合，一致认为这个办法好。

当晚，马巧云因家里有事先走了，胡安和汤宪二人进了一家叫"花田里舍怀旧"的餐馆，又吃又喝，十分尽兴。两个人都喝得头晕眼花脑涨，似醉非醉。这时胡安对汤宪说："汤老弟，你知道我与马巧云不是一般关系，那可是无话不说，可我也知道马巧云和你也不是一般关系。所以说，她的事也就是你和我的事，现在她遇到了麻烦事，你我都要全力帮忙。"接下来两人又相互逗乐，有说有笑，一直喝到深夜，才歪歪倒倒地回家。

却说马巧云家有个女儿莲莲，容貌俏丽，颜色娇美，体态丰满匀称，真乃"清水出芙蓉，天然去雕饰"。邻里乡亲常常当着她的面夸她家莲莲长得好看，她也会不客气地说："你们都说莲莲长得好，其实二十年前她还不如娘。"马巧云虽然嘴上这样说，心中却是暗喜。

马巧云对莲莲也是疼爱有加，莲莲刚过及笄之年，就先后有东边贺家和西边李家来提亲。西边李家儿子是一表人才，高高的个子，浓眉大眼，皮肤白净，但美中不足的是家境贫寒。东边贺家比较富裕，高家开店时，也曾给予资助，少说也有几百两银子。贺家之所以这么做，想的也就是能让高家的女儿给他家做媳妇。但美中不足的是，贺家的儿子一条腿有残疾，走起路来一拐一拐的，形象很不好看。实事求是地说，马巧云对这两家都不满意。对于西边李家，因家里太穷，女儿嫁过去就要受苦，不可能把女儿往火坑里送。但东边贺家呢？从心里讲也并不满意，但过去开店用过人家的钱，当下又还不上人家的钱，只好勉强答应这桩婚事。

不出所料，莲莲得知父母让她嫁给贺家后，表示宁死也不同意。这也的确让做父母的为难，左邻右舍的人也都觉得这样做太委屈莲莲了，但又有什么好办法呢？

有一天晚饭后，大伙在马巧云家聊天儿，说起她家莲莲婚事时，都觉得不好插话，因为说不好不好，说好也不好。这时一个叫二愣的人当着大伙的面说："我有一个办法能破解这个问题，保证让莲莲满意。"大伙一听，感到好奇，忙追问二愣："是什么好办法？"在这个关头，马巧云更想知道是什么好办法。可是在关键时刻二愣不说了。马巧云出去后，二愣才慢条斯理地说："那就是一日三餐到东边贺家吃饭，每天晚上到西边李家睡觉。"这时大家哄堂大笑，都才知道二愣是在讲笑话，有意逗大伙儿开心。

马巧云也并不乐意这门亲事。因为她心里明白，贺家娶媳妇，目的是让媳妇开枝散叶，生儿育女，传宗接代。贺家虽然家大业大，但贺家少爷实在配不上莲莲。可用了贺家那么多钱，不同意这门亲事又能怎么办呢？那么，如何才能做好女儿的思想工作呢？这时马巧云想到一个人，那就是她娘家的大侄女青青。

莲莲与青青同岁，只差月份，因为是亲戚，常有来往。青青和莲莲可谓是闺密，所以一有机会就在一块儿玩，无话不说。于是，这一天早饭后，马巧云换上一身新衣服，梳洗打扮一番，然后拎着一个小包袱就去走娘家了，目的是接娘家侄女青青到她家待几天，帮助她劝劝莲莲。

马巧云一路风尘仆仆，到了娘家后先是见过父母，给父母请安，然后又去拜见兄嫂。当父母和兄嫂聚在一起坐定之后，马巧云向父母和兄嫂讲明了来意。父母和兄嫂从内心讲，也都十分理解马巧云此时的心情，因此也都同意让她接青青到她家去，帮助她劝劝莲莲，做莲莲的思想工作。

马巧云开个商店，平时除了生意上的事外，还有家里家外的大事小事也需要打点，因此，也很少回娘家。这次回娘家，父母和兄嫂本想留她住几天，叙叙家常话，都被马巧云婉言谢绝了。当日下午，她就带着青青回到了家。马巧云特别告诉青青，与莲莲见面时该注意表达什么，怎么讲怎么说都作了一番交代。

当天晚上吃饭前，青青就急着想见莲莲，哪知无论如何也敲不开莲莲卧室的房门。青青用耳朵贴在门上听了听，屋里一点儿动静也没有，青青让姑妈过去听了听，也没听到一点儿动静。这时，马巧云倒吸了一口凉气，心中猛生一种不祥之感。

马巧云急忙跑到店里询问丈夫高老板。高说："早上我去喊她起来吃饭，她就没理我，我认为这几天她在气头上，也没介意。"这时高老板也感到有一种不祥之感，连忙找来一根铁棍去撬门。门被撬开了，眼前的一幕让人目不忍睹，不知什么时候莲莲上吊了，尸体直挺挺地挂在屋梁上，人早已气绝身亡了。

莲莲可是马巧云的心头肉呀！这时，马巧云像是疯了似的，上去紧紧地抱着莲莲的两条腿，哭得死去活来，痛不欲生。但事已至此，人死不能复生，莲莲父亲找来几个壮劳力，把莲莲从屋梁上松了下来，放到刚已准备好的草铺上，又用了几张火纸盖住了莲莲的脸。

得知这一消息的左右邻居，也都感到可惜，纷纷前来劝说马巧云。这个时候，即使有一张能把稻草说成金条的嘴，也说不到马巧云的心里去呀！人群中也不乏有人嘀咕着说："多好的闺女啊，怎么走到了这一步！"也有知情的人说："这都是她妈造的孽，如果不用贺家的银子，哪会走到今天这一步！"就这样，一直折腾到深夜时分，人才越来越少，紧张的气氛才慢慢地缓和下来，然后，众人各自回家休息了。

第二天一早，高家就派人去贺家送信，婆家得知这一消息后，也感到十分惋惜和无奈，但也只能在悲痛中接受这个现实。真是人命关天，一时间这件事便成了寿州城大街小巷闲谈议论的中心话题。

胡安和汤宪听到这一消息后，也都先后赶到高家吊唁，劝说高家夫妇节哀顺变。叙说间，无意中又提起了商店的事。这时汤宪灵机一动，计上心来。他想到在这之前，三个人曾经合谋想搞垮盛家商店的事，觉得莲莲的死倒是一个机会。于是说："何不把莲莲的死因栽到盛际英的头上？"胡安一听，觉得言之有理，一拍大腿对"西施"说："莲莲死的当日下午，盛际英到你家去过，就说莲莲是受了盛际英的欺负，才自寻短见，上吊身亡的。"马巧云一听，也觉得有理，但反过来一想，又觉得这样做是亏良心的事。继而一想，只要能把盛际龙的商店整垮，对自己也算是个安慰，也让自己出了一口恶气。于是连声说："对！对！对！"

三人主意已定，胡安、汤宪二人又密谋策划一番，找能人写了诉状，状告盛际英仰仗武功高强，目无法纪，私闯民宅，调戏高家女儿莲莲，莲莲不堪受辱，上吊自缢身亡。

但李兆洛并未接此案，因为当时盛际英在寿州刘锦镖局任镖师，而李兆洛当时只是凤台县令，管不到寿州事。虽然风言风语讲李兆洛兼署理寿州事，但均未见吏部或府衙下文。直到1812年李兆洛正式兼署理寿州事之后才接了此案。

胡安陪同"西施"将诉状送到县衙，交到了县太爷李兆洛的手里。李兆洛在没接到诉状之前，也听说街上有人命案，但是张家还是王家不清楚。今见高家送来的诉状，心中的那块石头才算落地。

当日晚上，李兆洛独自一人，把诉状反复看了好几遍，但内容让他心里很不踏实，总觉得这里面多有不实之词。正在一筹莫展犹豫之时，胡安到访，邀他出去喝酒。他本来不想出门，但因为状纸是胡安送来的，李兆洛想借机进一步了解一下情况，而胡安也想利用与李兆洛喝酒的机会进言几句，顺便也可了解一下李兆洛的口风。于是两个人一拍即合。

两人到了一家小酒馆，先是一边喝酒，一边聊天儿。而后李兆洛开门见山地问胡安说："莲莲的死到底与盛际英有没有关系？有多大关系？"胡安支支吾吾地说："那是在此之前，两家为了生意上的事吵过，也发生过械斗。这次高家莲莲的死怀疑与盛际英有关系，目的是想报过去的旧仇，借机整垮盛际英，盛际英一倒，盛家的商店必垮。"这时，李兆洛心中也就明白了几分。心里想：这种人命关天的事，我再气盛际英，也不能随意把屎盆子往人家头上扣。于是，他长叹了一口气，然后只顾喝闷酒，半天没说出一句话来。

116

第十四章
际英续弦，祸起萧墙

　　清嘉庆元年（1796年），盛际英时年36岁。由于原配妻子刘氏病故后他一直未娶，三个孩子一直无人照顾。而且，父母年岁已高，想照顾也没有精力，因此父母想让际英马上续弦。

　　经一位远门亲戚介绍，河东陈台孜有一寡妇汤氏。汤氏婆家姓陈，年方36岁，四年前男人病故，且身后无子女牵挂。盛际英父母觉得这个女子条件不错，就答应让亲戚出面做说和工作。经介绍，汤氏无意见，汤氏娘家父母也没意见，但没有想到的是，消息传到原公公婆婆耳朵眼里后，原公公婆婆有意见。原来儿子病故后，原公公婆婆一直在做汤氏的思想工作，想让汤氏与小叔子老二成婚，但汤氏坚决不同意。因为汤氏知道，小叔子老二好吃懒做，且生性嗜赌，总是欠人家的赌债，经常被人要赌债要到家里。每年秋收时，粮食还没收到家，人家要赌债的就拉着车子到场上，拉他家的粮食。这一切，汤氏都看在眼里，记在心里。

　　也许有人会问，男人病故后汤氏为什么一直未嫁？那是因为没遇到合适的人，所以一拖就是几年。当下有人介绍盛际英，汤氏经一番打听，觉得盛际英家里条件不错，父母又是吃斋念佛之人。而盛际英呢，又是个本分人，性格又乐观开朗，汤氏心里自然乐意，也就表示同意了。

　　按当时的律法，女人丧偶改嫁，光娘家一方同意不行，还得原婆家也同意才行。几经反复协商，盛际英家拨给汤氏娘家100亩土地作为彩礼，又拨了100亩土地给其原婆家作为嫁礼，在这种情况下，陈家父母也表示同意。为什么陈家父母也表示同意了呢？因为陈家父母心想，即使能留住人，也留不住心。再说，强扭的瓜不甜，何必不做好人去做恶人呢？

　　在娘婆二家都同意的情况下，二人的婚期定在当年的旧历十二月初六。然后，盛家很简单地把婚事办了。但万万没有想到的是，婚事办过不久，陈家小叔子一张状纸，把盛际英告上了县衙。

　　真是小孩儿没娘，说起来话长。汤氏改嫁的事附近百姓都知道，只是没想到如今要嫁的是盛家楼的盛际英。因此，傅家三少爷觉得整盛际英的机会来了。因为傅家三少爷知道，陈家二少爷经常去胡家庙张赌头家赌钱，还欠了张赌头不少的债，于是找到张赌头，与张赌头共同谋划，设了一个圈套。

　　张赌头对傅家三少爷的话是言听计从，于是让人通知陈家二少爷到赌场去一趟。陈家二少爷欠人家的钱，也知道张赌头是个心狠手辣之人，因此不敢不去。
张赌头见了陈家二少爷，第一句话就问："今天带钱了
吗？"陈家二少爷支支吾吾说不出话来，张赌头向左右
使了个眼色。张川和胡二不由分说，对陈家二少爷就是
一顿拳脚。陈家二少爷慌忙跪在张赌头面前，嘴里不住
地说："饶了我吧，饶了我吧！"张赌头使了个眼色，
左右方才收了手。这时张赌头厉声问道："陈二，我只
问你，你欠的几十两银子什么时候还？"陈家二少爷被
打昏了头，还没来得及回话，这时傅家三少爷推门进来
了，看到如此光景假装正经地说："哦，看来我来得不
是时候。"张赌头立马接着说："真是不好意思，抱
歉，抱歉！"这时张赌头又断断续续地说："眼前的这
人是陈家二少爷，欠我的几十两银子一拖再拖还不上
来，你说我急不急？我还要过日子，开个小赌场不就是
挣几个钱吃饭吗！"

这时，傅家三少爷上前把陈家二少爷拉了起来，
对着张赌头说："照你这样一说，我和陈家二少爷还是
近邻呢。看在我的面子上，这事算了，陈家二少爷欠你
的钱由我还给你。"张赌头马上接着说："那让你破费
了，怎么好意思……"这时陈家二少爷连忙给傅家三少

爷磕了几个响头，并连声说："三少爷的大恩大德，有朝一日，我必厚报。"傅家三少爷接着说："你知道知恩图报就好，这个钱我不要你还！"

这时，张赌头对着傅家三少爷说："傅公子今天来此必有什么贵干。"傅家三少爷忙接着说："我今天来并没有什么大事干，只是想到你这赌场试试手气。"张赌头立马回答道："那就请傅公子到厅屋里去试试！"傅家三少爷说："那好，由你带路。"这时，他用手拉着陈家二公子的手说："走，由你替我赌。输了，钱由我付，赢了，钱归你。"于是，他们一起走进了厅屋赌场。这时傅家三少爷对着陈家二少爷说："去，上去干两把，输了我付钱，赢了钱你拿走。"这时陈家二少爷并不好意思上去赌，但在傅家三少爷的再三催促下，勉强上去玩了几把，然而运气还好，赢了。赌局结束出来后，陈家二少爷把赢得的钱往傅家三少爷口袋里装，而傅家三少爷却把陈家二少爷装进去的钱掏出来，又交到了陈家二少爷的手里。并再三说："我讲过的话，赢的话钱归你，怎么能不算数呢？"

陈家二少爷家住陈台孜，傅家三少爷家住梁庙，顺路，又在一条线上，所以二人一前一后走在回家的路上。傅家三少爷开始问起陈家二少爷嫂子改嫁的事，陈家二少爷一五一十地向傅家三少爷作了一番叙述。傅家三少爷看火候已到，于是接着说："你嫂子改嫁可以，但要远一点儿才好，近了你家将来必遭血光之灾。再说，既然你父母想让你和嫂子成家，为什么你没阻止她改嫁呢？"陈家二少爷说："因为有父母在，父母表态同意了，我做儿子的也不好说。"傅家三少爷接着说："我就爱打抱不平，如果你现在还是这样想，我替你做主，让你和嫂子成婚，从此，也让你吃不愁喝不愁，但你要找人写份状纸到县衙告盛际英。"陈家二少爷听傅家三少爷这么一说，眼前为之一亮，认为有傅家三少爷撑腰，还怕告不倒盛际英？盛际英一倒，他和嫂子的婚事就有希望。于是，他回到家后按照傅家三少爷的要求，找人写了诉状，状告盛际英强娶人妻，并将状纸送到了县太爷李兆洛手上。

傅家三少爷得知陈家二少爷将诉状送到了县衙后，立马去寿州城找到胡安，胡安又找到汤宪。三人在一块儿合计后，由胡安出面，和陈家二少爷一起到县衙找到了李兆洛，并添油加醋地作了一番叙述。

第十五章

除夕之夜，火烧盛楼

清嘉庆十七年（1812年）九月，李兆洛任凤台知县兼署理寿州事后，他根据所谓群众的举报，共罗列盛际英四大罪状。第一是陈家二少爷告盛际英强娶人妻，违犯了大清的律法；第二是妨碍公务罪，即两年前县衙派周清等一班人下乡征粮收税，因那老妇人不交税与盛际英发生争执和殴斗，造成不良社会影响；第三是盛际英兄长开店期间，马巧云家女儿的死与盛际英有牵连；第四是开办武馆，有人反映盛际英图谋不轨，想聚众谋反。李兆洛罗列盛际英这四大罪状，准备逐条落实定论后就治盛际英的罪。

其实，所谓四大罪状显然都是莫须有的说辞，但在当时的社会，为官者想抓你、想整你就是名正言顺的理由。为此，李兆洛多次派人传唤盛际英，抓捕盛际英到县衙对质，协助调查。由于传唤人被傅庄主等人收买，谎称盛际英抗拒传唤，并公开辱骂县衙不讲道理，这让李兆洛越想心中越恼火。于是他请示镇台有关官员，让上级同意派四名武功高手随从听命于自己，决定在除夕之夜，家家忙着过节之际（想必盛际英也要回家过节），抓捕盛际英。

盛际英家连雇工等人员有30多人，住的是三层高的四合院楼房，共有40多间屋子。除夕之夜，盛际英家和普通百姓家一样，张灯结彩，门头挂了两对大红灯笼。一阵鞭炮声过后，年夜饭开始，喝酒猜拳好不热闹。正当盛际英全家沉浸在除夕之夜的欢乐之中时，李兆洛亲自带了30多名捕头和随从，把盛际英家的大院团团地围住，风雨不透。

这时，周清按照李兆洛的指令，上前敲门，用人听到有人敲门，还以为是拜年的前来贺喜，立马去开了门。一见门外的阵势，就意识到情况不好，急忙跑到后堂禀报。这时，盛际英正和父母兄弟们行令喝酒呢，一听用人禀报，说是有官家的几十人围了门。父子几个你看看我，我看看你，都感到十分意外。盛际英心想：这大年三十上门，一定是来者不善，真是欺人太甚！一年三百六十五天，哪一天不能来，为什么单选年三十来？

他心里一边想，一边就离了座位往外走。这时大哥际龙知道盛际英性格刚烈，一把拉住际英的手说："三弟，让我先出去应付一下，看看是怎么回事。"际英说："不行，他们一定是冲着我来的，我去。"于是，盛际英一边说话一边走出了房门。李兆洛等众人见盛际英出门站在了院子里，有随从忙上前喊话说："盛际英，犯下四条罪行，我们今天是来捉拿你归案，对质受审的。"盛际英一听，肺都要气炸了，但他强忍着说："如果说我犯法，为什么之前没传唤我？明天我自个儿去，不要连累我的家人行吗？"这时李兆洛却说："不行，今天晚上你一定要跟我们走。你犯的是什么罪，到了衙门自然会告诉你。"紧接着盛际英回答说："我连自己犯了什么法都不知道，怎么会跟你去呢？再说今天是大年三十，是我们全家团圆的日子，我不会跟你们走的，有能耐你们就进来抓我！"

这时，李兆洛凑到周清跟前，示意让周清带两个兄弟先进去。周清不敢违抗李兆洛的旨意，手持一把回龙刀，带着几个兄弟进了院子，府衙来的四位高手也跟随进了院子。盛际英见这阵势，心想：看来说是不顶用了。见周清手执大刀直奔自己扑来，盛际英一闪身躲过周清的回龙刀，转身操起九节钢鞭，照着周清的小腿就是一鞭。周清想躲已来不及，小腿肚子重重地挨了一鞭，当时就躺在了地上。其他几个兄弟连忙拖着周清往院子外面跑，府衙来的四名高手也深知盛际英的武功，见此光景未敢动手。

这时盛以成和盛际龙几个兄弟都出了屋，看到这阵势，也认为是祸躲不过了，兄弟几个各抄家伙准备与李兆洛带来的衙役们对抗一番，但被盛以成劝阻了。这时，李兆洛见周清挨了一鞭，看来伤势不轻，忙上前安慰周清，又见府衙来的几位高手没有动手，心里虽然有想法，但也不好多说。

正在无计可施的时候，周清上前拉着李兆洛的手，在李兆洛的手心里写了一个"火"字。李兆洛心里明白，放火烧民房是犯律法的。但这时的李兆洛一时气急败坏，也顾不了那么多了。于是忙让30多个随从，把附近老百姓家的秫秸搬过来，围在盛际英家楼房周围，秫秸一点着，顿时火光冲天，烟雾四起。盛际英忙让大哥、二哥把所有的人领进地窖中，免遭烟火熏烤，并对大哥说："他们主要是冲我来的，只

盛家楼旧址

127

要我不在就没大事了。"于是，他只身上到了二楼，把平时用来打兔子用的几桶火药一个一个地点着火，从二楼窗口推到了院子里。爆炸声连成一片，浓烟滚滚，火光冲天，无人敢近前。

当时火烧得很旺，约一个时辰之后，李兆洛等人认为盛际英已被烧成灰烬，但在烟消火灭时，李兆洛并没寻觅到盛际英的尸体遗迹。这时，李兆洛倒吸了一口凉气，心想：难道盛际英插翅飞了吗？李兆洛垂头丧气，半天都没说话。

据统计，李兆洛放火共烧毁盛际英家的房子20多间，并致10多人不同程度地受了伤。后来得知，当大火正旺时，盛际英冒着滚滚烟雾，一手打伞，一手挟着一个不到5岁的孩子，从后面跳出窗外逃走了。当晚，他跑到了凤台城西北八里塘孜的表叔家。他表叔姓张，有些文化，人们都称他张秀才。

李兆洛火烧盛际英家的楼房，得知盛际英外逃的消息后，派人到处缉拿盛际英和盛际龙、盛际元兄弟三人。盛际英当日晚上跑到表叔家住了两天三个晚上，因怕连累表叔就从表叔家跑到颍上亲戚家避难。盛际龙一家去了江苏的一个朋友家，盛际元携妻儿先后跑到寿县的谢墩子和颍上的润河集。其他盛氏家族凡有牵连的都纷纷外逃，有的逃到寿县乡下，有的逃到浙江等地。

自盛际英走后，他表叔张秀才一连几天饭吃不下，觉睡不好，日思夜想，总觉得这一次与往常不同，这次给盛际英写状纸，告的是县太爷呀！张秀才慑于李兆洛的权威，自寻短见，在凤台县城隍庙旁的一棵树上吊死了！

李兆洛火烧盛家楼房后，盛以成夫妇从此一病不起，母亲因思念几个儿子，精神抑郁。一日晨起，她从二楼下来，脚底一滑，从二楼滚落下来，一条腿跌成骨折，从此，卧床不起。盛以成也因此精神萎靡，整日躲在家里，不出门，也不愿见人。盛际英得知这一情况，心情更加内疚。心中暗想：我与李兆洛有不共戴天之仇，此仇不报，我誓不为人！

第十六章

庶民告官，充军北口

　　盛际英准备赴京告状的消息，像是长了翅膀似的在百姓中传开了，李兆洛也自然有所耳闻。事情过后，从内心讲，李兆洛也觉得火烧盛际英家的房子有些做过了头，只是一时性急控制不住，事后也深感后悔。因为他心里明白，按照当时《火灾惩处律例》，不管什么原因，也不管是谁，放火烧民房不仅是犯罪，而且还是重罪。为官者不仅从此不得为官，还要充军4000里以外。但事已至此，后悔也已晚矣，只能听天由命，走一步是一步。

　　中国两千多年的封建社会，实际上是一个熟人社会，因此很多官员都会遇事找熟人。为了开脱或减轻罪责，李兆洛先后多次到府衙找人情、拉关系，而且还通过书信往来，与京城和府衙官员勾连。虽然花了不少银子，听到一些安慰的话，但始终让他心里不踏实。因为做了亏心事，总担心纸里包不住火，早晚会有鬼敲门的那一天。

　　再说盛际英，也读过书，明白事理，知道"凡民告官，如子杀父，先坐笞五十，虽胜亦判徙二千里"。

　　也许有人会问，盛际英明明知道这些法律规定，为什么还要去告官呢？因为盛际英认的是理，是个吃软不吃硬，宁死不服输的硬汉子。因此，他先后将告李兆洛的诉状送到府衙，但两次送去的诉状都犹如泥牛入海，没有一点儿音讯，这让盛际英感到十分失望。

俗话说，要饭花子还有三个传瓢的，何况盛际英乃英雄豪杰呢！不少人为盛际英蒙冤叫屈，还有人向盛际英献计献策。这让盛际英更进一步认识到，府衙也是一个难讲理的地方，想告倒李兆洛也是不可能的。于是盛际英决定赴京城告御状。

这一天，天气晴朗，盛际英一身简服短装打扮，身带银两，告别父母兄弟，独自一人去了皇城北京告御状。他通过打听，得知这一天皇帝要上朝理事。于是，他用重槌将皇宫大门前的鸣冤鼓敲个不停。侍卫听到有人击鼓，慌忙外出查巡，这时盛际英手托状纸连声喊"冤枉"！按照惯例，护卫让盛际英脱去外衣，光着身子躺在钉板床上，被抬到皇帝面前。盛际英跪在皇帝面前，一边口喊冤枉，一边双手擎着状纸。太监将状纸接过后交到了皇上手里，皇上接过状纸，看了一眼，在状纸上写道：交刑部查办。然后将状纸交到了太监手里，太监又转交到了刑部。与此同时，由两名武士将盛际英带到刑部，刑部随即将盛际英收押。

刑部审理后，认为盛际英乃一介草民，状告的是县太爷李兆洛，已经触犯当朝法律，事实清楚，因此判盛际英充军北口。关于李兆洛的问题，刑部有些官员心中有数，但当着众人面前说此案案情复杂，待情况查清后再做处理。

李兆洛火烧盛家楼，盛际英赴京告御状，在当时轰动朝野。人们疑惑的是：盛际英犯民告官，获罪被充军，而李兆洛火烧民房也是犯罪，并致人伤残，为什么一拖再拖迟迟没有处理？这还有老百姓伸冤讲理的地方吗？由此可见，当时所谓的盛世，实际上是达官贵人的盛世。正如有诗所云："玉杯饮尽千家血，红烛烧残百姓膏。天泪落时人泪落，歌声高处哭声高。"

在当时，虽然社会舆论十分强烈，处理案件所涉及的刑部、府衙官员认为天高皇帝远，盛际英充军后再也没有出头的日子，可以马虎了事。所以将案件一拖再拖，企图一拖了之。

清嘉庆十九年（1814年），盛际英充军关外，带着家眷孩子和侄儿被发配到北口雁门关。和其他犯人一样，他成了边防军的奴隶，一切都要听从边防军的使唤，过着日出而作、日落而息的生活。

雁门关是个什么地方？雁门关在西北边陲，西域少数民族与汉人不睦，连年征战，为了防御外敌入侵，汉人建起了高高的围墙，屹立于广阔中原与漠北草原的分界线上，至今已有三千多年的历史。

早在《吕氏春秋》中就有记载："天下九塞，勾注其一。"同时，由于深山老林里虎狼出没，对当地百姓的生命财产都是一个威胁，当地百姓终年过着与虎狼为伍、提心吊胆的日子。

为了抵御外敌入侵和虎狼野兽的侵袭，边防军常把当地年轻人组织起来成立"护民队"，舞枪弄棒进行军事操练。他们得知盛际英会武功，曾当过镖师，就让盛际英出来当教练，帮助他们搞军事训练。日子久了，盛际英与军爷和当地百姓的关系处得十分融洽，他们对盛际英也尊重有加。

是年秋天，塞外少数民族中的地痞子流氓和往年一样，又到塞内骚扰我边防百姓。边防武士和当地百姓首领邀请盛际英处理此事。按照惯例，他们狮子大开口，要求我方进贡牛羊各1000只，还对汉族官民百般辱骂，因此双方打了起来。结果盛际英出手，把对方打得人仰马翻，这些人灰溜溜地跑了。

不出所料，第二天他们带来几个所谓武功高手，双方见面二话没说就又动手打了起来，结果对方又吃了亏。经过两次交手，对方感到自己不是对手，于是就请首领过来要求和好谈判。从那以后，边塞治安乱局缓解，百姓往来频繁，贸易畅通。消息传到京城，皇帝心中欢喜，特嘉奖了边防军督头。

有史记载，每年中秋节前后，深山老林里都会有虎狼出没，祸害老百姓的牛羊，威胁老百姓生命的安全。盛际英得知这一情况后，在当地军爷的统一指挥下，从附近村庄农民中，挑选了二十几个身强力壮的年轻人，成立了一个打虎队。

为了帮助当地百姓除害，盛际英计划实施一次消灭虎狼的行动。中秋节这天晚上，他们选择了一块空地，放置了十来只羊和十几只牛，打虎队的小伙子每人准备了一个火把。一切就绪，当日晚饭后一齐把火把点着，照得大地通亮，牛羊也清清楚楚地呈现在人们的视野里。深山里跑出来的虎狼，见此光景便气势汹汹地向牛羊群扑去，当虎狼快要接近牛羊群时，按照盛际英的统一要求，小伙子们突然把火把熄灭。虎狼失去了方向和目标，正当它们不知所措的时候，盛际英带领那群打虎队的小伙子抢起重器，蜂拥而上，很快就结束了前来自投罗网的这群虎狼的性命。

　　这振奋人心的消息很快在当地传开了，老百姓都夸盛际英足智多谋，是个了不起的英雄。这消息也传到了京城皇帝的耳朵里。

第十七章

以死明志，感动君王

　　李兆洛火烧盛家楼后，盛际英因告御状被充军，妻儿也受到了牵连，这成了盛以成心中的一块心病，因此患上抑郁之症，第二年就过世了。盛际英得知这一消息后，心中十分悲痛。在无力回天的情况下，他心中暗想，养育之恩未报，遗憾难消，活在世上也是行尸走肉，一念之下，吞金而亡。

　　当年十二月初，嘉庆皇帝例行视察。因为在视察前知道一些关于盛际英的事迹，当来到北口边防驿站，接见边防将士时，特意问及关于盛际英的情况。边防督头告诉皇上说："盛际英已吞金身亡了。"当时，嘉庆皇帝感到很惊奇，于是问道："是什么原因吞金死了？"督头说："没有细查，死后在他的衣物里搜出一份诉状。"皇上问："状告的是谁？"督头说："是凤台县太爷李兆洛。"皇上一听李兆洛这个名字，似乎想到了什么。是的，是李兆洛，当年参加殿试，名列前茅，是翰林院庶吉士，充武英殿协修（第五名），后来赴凤台任知县的那个官员。

　　然后，皇上又问："盛际英出于什么原因要告他？"督头答："从材料上看，是因为李兆洛放火烧了他家的楼房，并造成家中十几人伤残。"

这时皇上无言，似乎又想到了什么，接着又问军爷："状纸上还说了什么？"军爷不好回答，低头不语。皇上接过状纸一看，盛际英在状纸上写道：没有平民百姓的说话权，哪有太平盛世？紧接着骂道：当今皇上昏庸，平民百姓被迫无奈，告官何罪之有？一句话点醒梦中人。

几天的边防视察结束后，皇上回到了京城。第三天上朝后，就召集刑部大小官员，问及盛际英状告李兆洛案子的情况。刑部避重就轻，作了汇报。

原来刑部对李兆洛已经作了从轻处理，判李兆洛从今不许为官，流放到凤台县白塘庙教书，接受百姓监督，但并未完全落实。这次皇帝出访回京后特意讲到这一案件，有关人员怕纸里包不住火，将来连累到自己，才匆忙去落实。

白塘庙当地有一吴姓人家，知书达理，乐善好施，认为李兆洛为官这几年，也为凤台百姓做了一些好事，但火烧盛家楼确实是一件错事。话又说回来了，人非圣贤，孰能无过？如今落难了，他也是值得同情之人，因此对李兆洛百般呵护，也是情理之中的事。

最后皇帝御批，盛际英民告官确因楼房被烧，作为平民百姓，状告县太爷李兆洛也实出无奈，应解除对盛际英的充军判决。同时，对当朝律法也作了修改，取消了民告官如子杀父的条例。刑部对李兆洛已做处理，时间有些长了，也不再追究，案件所牵涉到的大小官员也因此松了一口气。

鉴于盛际英已死，盛际英的妻儿和本人尸骨可由侄儿盛学冶料理，边防军于是派兵护送他们回到原籍。

据传说，在回原籍的路上要经过河北的滹沱河。当他们的车队行至河岸时，只见河水滔滔，因为天色已晚，大家索性在河边的村庄住了下来。侄儿盛学冶几乎一夜未眠，愁的是第二天如何过河。然而第二天早上，漫天雪花飞舞，滹沱河的水已断流，结成了厚厚的一层冰，车队得以从冰上顺利通过。因为事有巧合，难免有人会说：英雄流血不流泪，那是上天的垂怜，为他戴孝，为他封河。

盛际英的尸骨回到原籍后，安葬在炼城寺东南牛沟河南岸盛家祖茔地刺老坟西端。妻儿按照他生前的遗愿为他立了一块碑。碑的背面刻了盛际英生前交代的两句话，即"深恩未报惭为子，隐憾难消忝做人"。以此表达他对未能报答父母养育之恩的遗憾和忏悔。

盛际英坟址

1856年，第二次鸦片战争爆发。曾参加抵御英法联军战斗，受过嘉奖的一名勇士，骑着高头大马到盛际英坟前祭拜。经询问得知，那位勇士的功夫是由他父辈传授的，父辈曾经是际英武馆的一名学员。

在凤台一带百姓的心目中，盛际英是一位不畏强权、敢于和黑恶势力斗争的英雄，他为百姓争取民告官的权利，付出了生命的代价。迄今虽然两百多年过去了，但他的英雄事迹依然在当地老百姓中流传着，他的英雄形象定格在人们的心中，他的灵魂依然还活在众人心中。

结束语

　　《盛际英传奇》一书的主人公，一个是盛际英，另一个是县太爷李兆洛。在老百姓的心目中，盛际英是个英雄。他开武馆，让百姓强身健体，为政府输送能征善战的将士，组建护民队，抵御外敌侵扰，保护一方百姓平安，却蒙冤受屈，被罚充军最终吞金而亡。李兆洛治理凤台有功，但听信谗言，错把英雄当罪犯，火烧民宅，触犯大清律法，终被罢官，也暴露出当时社会的一些问题。从历史上看，清朝的衰败，从乾隆中期开始，就从个体性的官员腐败发展为制度性和社会性的腐败。

　　事先看过书稿的人曾问我，盛际英既然知道民告官是犯法的，为什么非要去告官呢？被判充军北口，余生的日子还要过，忍一忍、熬一熬就过去了，留得青山在，何愁无柴烧？

　　泰戈尔也曾说："你今天受的苦，吃的亏，担的责，扛的罪，忍的痛，到最后都会变成光，照亮你的路。"这就告诉我们，当你熬到滴水成珠、花开见佛的时候，必然是柳暗花明、春暖花开的新世界。但他为什么要选择轻生自杀呢？

从事情的经过看，盛际英性格刚直，敢说真话，但在官场上缺少应有的妥协与圆滑，因此落得如此下场。他告官是有思想准备的，他轻生自杀，以死抗争，是对枉法官吏的鞭挞，是对封建社会的控诉……

盛际英是一位英雄，他甘洒热血铸忠魂，给自己的生命增添了一道闪亮的光彩。